信仰的伟力

主编◎祝彦

编著◎蒋国栋　李雨西　郭曜辉

江西美术出版社
全国百佳图书出版单位

序言

PREFACE

今年是中国共产党成立 100 周年。从 1921 年到 2021 年，中国共产党走过了百年奋斗历程，绘就了一幅幅波澜壮阔的历史画卷，谱写了一首首感天动地、气壮山河的奋斗史诗，实现了中华民族从站起来、富起来到强起来的伟大飞跃。

在"七一勋章"颁奖仪式上，习近平总书记指出："心中有信仰，脚下有力量。"一百年来，中国共产党之所以能够经受住一次次挫折而又一次次奋起，归根到底是因为我们党有对马克思主义的信仰，有对社会主义和共产主义的信念。

心中有信仰，脚下有力量。中国共产党因信仰而立。百年以前，毛泽东还是湖南第一师范附属小学的老师，陈潭秋是武汉的一名新闻记者，王尽美是济南一师的学生，董必武担任武汉中学的校长……他们散布在全国各地，从事着不同的工作。但是，为了马克思主义和共产主义的信仰，为了救亡图存的信念，这群平均年龄只有

28 岁的青年走到了一起，从上海望志路 106 号到嘉兴南湖红船，他们秘密地召开会议，创建了中国共产党，形成了伟大建党精神。

　　心中有信仰，脚下有力量。中国共产党人因信仰而坚。信仰是中国共产党人精神上的"钙"，信仰是中国共产党人身上最坚实的"铠甲"。因为信仰，陈树湘断肠明志，为革命流尽最后一滴血。因为信仰，刘胡兰敢于直面敌人的铡刀，从容赴死。因为信仰，黄继光毅然舍身堵枪眼，为部队扫清前进的障碍。因为信仰，向秀丽用血肉之躯阻挡熊熊火流……这就是信仰所爆发出来的磅礴伟力！

　　心中有信仰，脚下有力量。中国共产党人的精神谱系因信仰而伟大。中国共产党的百年历史，就是一部传承与积淀伟大精神、赓续与拓展精神谱系的历史。回望百年党史，一代又一代共产党人在信仰和理想信念的指引下，大力弘扬伟大建党精神，顽强拼搏、不懈奋斗，涌现出一批又一批视死如归、奋不顾身的革命烈士和英模人物，如林祥谦、周文雍、冷云、李白、邱少云、郭永怀、任长霞、黄文秀等，支撑起民族不屈的脊梁，构建起伟大井冈山精神、苏区精神、长征精神、延安精神、抗战精神、红岩精神、西柏坡精神、东北抗联精神、抗美援朝精神、"两弹一星"精神、雷锋精神、改革开放精神、脱贫攻坚精神、抗疫精神、科学家精神等中国共产党人精神谱系，锤炼出鲜明的政治品格。信仰和理想信念是中国共产党人精神谱系之"魂"。

　　本书以党的百年奋斗历程为线索，以新民主主义革命时期、社会主义革命和建设时期、改革开放和社会主义现代化建设新时期、中国特色社会主义新时代等四个历史时期为背景，旨在通过讲述党的优秀儿女为信仰英勇奋战、视死如归、向死而生、顽强奋斗的英雄事迹，表现他们的初心情怀和使命担当，向广大读者特别是青少年进行理想信念教育和革命英雄主义教育。全书从"信仰"的角度划分为八个联系紧密的单元。每个单元包括"光辉历程""英雄儿女""永恒丰碑"三个板块："光辉历程"概述党史背景，普及党史知识；"英雄儿女"讲述主人公感天动地、可歌可泣的英雄故事；"永恒丰碑"发掘故事所蕴含的中国共产党人的红色基因和精神密码，提炼主人公的政治和精神品格，评说其对社会和后世的影响等。全书力求主题鲜明，主线突出，单元明晰，结构完整。所选人物以英勇献身的烈士为主，以忘我奉献、因公殉职的英模为辅。其次，通盘考虑了所选人物在党的百年奋斗历程中的时空"坐标"及其在群体中的典型性，统筹兼顾人物的性别、民族、年龄、职业等因素，每个人物均具有广泛的先进性和群体的代表性。其中，特别关注了女性和少数民族人物及其代表性，让读者感受到在中国共产党百年征程中，"巾帼不计须眉"的责任担当和全国各民族团结奋斗的蓬勃力量。

为适应新时代读者的阅读心理，顺应他们的阅读诉求，本书精心营造"知识＋故事＋绘画（人像素描＋情节插图）＋点评"的多元融合的呈现方式，融政治性、思想性、知识性、可读性、艺术性、形象性和教育功能于一体，力求在一种轻松愉悦的阅读氛围中，讲好红色故事，传承红色基因，赓续党的精神血脉，让他们明白"中国共产党为什么能、马克思主义为什么行、中国特色社会主义为什么好"的道理。

在庆祝中国共产党成立100周年大会上，习近平总书记发出了"以史为鉴、开创未来"的号召。让我们汲取百年历史智慧，牢记初心使命，把对马克思主义的信仰、对中国特色社会主义的信念作为毕生追求，汇聚起实现民族伟大复兴的磅礴力量，在全面建设社会主义现代化强国的新征程上书写出更加灿烂辉煌的篇章。

祝彦

2021 年 9 月 10 日

目 录 | CONTENTS

04 | 坚守信仰，忠贞不屈

05 | 捍卫信仰，赢得尊严

06 | 承铸信仰，发愤图强

07 | 永葆信仰，锐意进取

08 | 红船依旧，信仰永恒

01 | 信仰指引，红船启航

光辉历程

　　100年前的1921年7月23日夜晚，中国共产党第一次全国代表大会在上海法租界望志路106号（今兴业路76号）开幕。由于会场受到暗探的注意和租界巡捕的搜查，大会最后一天的会议转移到浙江嘉兴南湖的一条小船上继续举行。下午6时左右，大会在"中国共产党万岁！""第三国际万岁！"的振奋人心的口号声中闭幕，并正式宣告：中国共产党成立了！嘉兴南湖的这条小船也因此有了一个永载中国革命史册的美名——红船。

　　党的一大确定了党的名称是中国共产党，党的纲领是以无产阶级革命军队推翻资产阶级，废除资本私有制，表明了中国共产党旗帜鲜明地把社会主义和共产主义作为奋斗目标。从此，嘉兴南湖红船成为中国共产党梦想启航的地方，她载着中国共产党的初心和使命驶向光明的未来。中国共产党的诞生，使中国革命有了正确的前进方向，铸就了坚持真理、坚守理想，践行初心、担当使命，不怕牺牲、英勇斗争，对党忠诚、不负人民的伟大建党精神。从此，中国人民有了强大的凝聚力，灾难深重的中国大地迎来了新的生机。一句话，中国革命的面貌由此焕然一新。

　　中国共产党成立后，党在集中力量领导工人运动的同时，还开展农民运动、青年运动和妇女运动，加强同国民党的合作。1924年1月，国民党一大确立了联俄、联共、扶助农工三大革命政策，标志着第一次国共合作正式形成。国共合作后，开展了北伐战争，开创了反对帝国主义和封建军阀的革命新局面，特别是1925年5月爆发的五卅运动，迎来了全国范围内的大革命高潮。

　　然而，在革命形势迅速发展的同时，以蒋介石为代表的国民党右派的反共活动也日益公开化。1927年4月12日，蒋介石在上海悍然发动反革命政变，大肆屠杀共产党人和革命人士，将反共活动推向高潮。同年7月15日，汪精卫在武汉实行"分共"，正式同共产党决裂。第一次国共合作全面破裂，轰轰烈烈的大革命宣告失败，许多党的优秀儿女牺牲在国民党反动派的屠刀下。但年轻的中国共产党并未因此一蹶不振，而是在绝境中艰难求存，保住了信仰的火种。

英雄儿女

林祥谦：
中国工人运动的先驱者

1892 年 10 月，林祥谦出生在福建省福州市闽侯县的尚干镇。那里山清水秀、人杰地灵，是名副其实的富饶之地。但是，在那黑暗的旧中国，封建地主掌握着乡里的政治大权和经济大权，贫苦农民生活在水深火热之中，他们整日为了温饱而遭受地主的残酷剥削。

林祥谦家祖祖辈辈都是憨厚老实的农民，祖父辛苦劳作了一辈子才给后代留下了一间房和一点地。父亲虽是一位干农活的好手，但也养活不了一家人，只好弃农从工，去福建船政局（马尾造船厂）当起了烧炉工。

正是看到了家里悲惨的生活状况，林祥谦从小就特别懂事。父亲不在家，他就跟着母亲下地耕作，任劳任怨，担当起男子汉和家里顶梁柱的角色。

眼看小祥谦到了读书的年纪，但是家里根本负担不起他的学费，于是他就站在教室的窗外偷偷地跟着老师学习。家人见他是块读书的料，就好不容易凑齐学费供他上了学。可是没过多久，家里的日子每况愈下，小祥谦只好辍学回家继续种田。

在家劳作的日子里，小祥谦亲眼看见无数像他一样的贫苦农民被地主压榨而只能勉勉强强地活着，也时常听大人们讲起家乡人民勇斗外敌的英雄壮举，立志要改变这种不合理的社会现象，替穷人打抱不平。他从小就是个乐于助人的好孩子。在端午节的龙舟比赛上，他奋不顾身勇救落水女孩。在田间地头，他不畏强暴，常常联合其他小伙伴同地主勇敢地周旋与斗争，锤炼了刚毅倔强的品格，逐渐成为同龄人的"领头羊"。

1905年，林祥谦离开家乡来到父亲工作的地方——福建船政局（马尾造船厂），在那里做起了一名学徒工。林祥谦和其他工友们一样，每天起早贪黑、累死累活地干着。工厂的生活条件异常艰苦，几千名工人被集中安置在既潮湿又狭小的密闭空间里，每一个房间里都密密麻麻地放满了20张床铺，晚上睡觉连翻身都很困难。不仅如此，工友们还忍受着身体和心灵的双重打击，恶毒的工头经常不分青红皂白地对工人拳打脚踢。这一切都被林祥谦看在眼里，他刚正不阿，仗义执言，为工友出头，替工友说话。本来早该转为正式工的他，却因为自己直率的性格而被怀恨在心的工头给耽搁了。受中法战争和中日甲午战争的影响，20世纪头几年，福建船政局（马尾造船厂）亏损严重，难以维持庞大的开支，只得大量精简机构，裁减工人。因此，大批工人下岗失业，丢了饭碗，林祥谦便是其中的一员。为了生存，他只得另寻谋生之路。

1912 年初，林祥谦远离家乡来到汉口谋生。在这里，他顺利地通过了招工考试并成为京汉铁路工人的一员。1913 年回家期间，他和陈桂贞结婚成家。随后，他带着父亲等一家老小回到江岸生活。在工厂的日子里，他家的生活贫困不堪，经常是吃了上顿没下顿。与此同时，林祥谦和工友们还经常受到工头的毒打，不堪受辱的林祥谦岂能受得了这般境遇。为了给工友们争取权益，他主动带头联合其他工友通过"怠工"的方式同工头展开了长期的罢工斗争。在长期的斗争实践中，林祥谦逐渐认识到只要天下工人团结一心，总有翻身做主的一天。

1917 年，十月革命胜利的炮声，给中国送来了马克思主义，给中国的工人运动带来了前途和光明。1920 年，全国各大城市相继成立了早期的党组织，为中国共产党的成立做了充分的准备。1921 年 7 月，中国共产党正式成立，随后在上海成立了中国劳动组合书记部。这一系列的好消息让林祥谦看到了希望。作为武汉地区工人运动的负责人，陈潭秋深入工厂，与工人围坐在一起，给他们宣讲马克思主义和工人运动的磅礴力量。林祥谦耳濡目染，听得津津有味，他的思想也开始发生了重大转变。陈潭秋等人发现并很快开始培养林祥谦这棵工人运动的好苗子。

天下工人要想真正地团结在一起，首先必须解决的问题是消除"帮口"的观念。由于受到宗族势力和地方观念的影响，江岸铁路厂的工人主要分为湖北帮、福建帮、三江帮等帮派，各帮派之间矛盾很深、恩怨很大，严重影响了工人运动的开展。陈潭秋、林祥谦等人便走访各帮派，广泛宣传"天下工人是一家"等革命真理。除此之外，林祥谦还广交工人朋友，耐心倾听他们的诉求，帮助他们实实在在地解决了许多生活上的问题。就这样，在林祥谦等人的共同努力下，各"帮口"之间的矛盾和恩怨逐步得到了解决，建立工人俱乐部的条件因此也变得日益成熟。

1922年，京汉铁路江岸工人俱乐部正式成立，林祥谦被选为俱乐部的会计委员。在俱乐部里，工人们享受到了前所未有的自由。在这里，没有高低贵贱之分，人人自由平等。许多工人逐渐改变了以往沾染的恶习，养成了识字、读报、下棋、拉二胡等健康的生活习惯。不仅如此，俱乐部还通过罢工等形式积极地同厂方代表展开斗争与谈判，为工人争得了应有的权利，工人的生活条件也得到了一定程度的改善。这年夏天，林祥谦光荣地加入了中国共产党。同年10月，江岸工人俱乐部改名为"江岸京汉铁路工会"。由于林祥谦的杰出表现，不久他就被选为工会委员长。

1922年1月至3月，香港海员大罢工运动轰轰烈烈地展开。在这次运动的影响下，全国掀起了工人运动热潮。京汉铁路的广大工人迫切要求成立京汉铁路总工会。1923年1月5日，总工会第三次筹委会在郑州顺利召开，会议决定于2月1日成立京汉铁路总工会。1月30日，林祥谦以江岸分工会代表的身份赴郑州参加成立大会。由于工人运动的蓬勃发展已经直接影响到了军阀吴佩孚的黑暗统治，于是他千方百计地阻挠大会的顺利召开。面对大批军警的威逼利诱，林祥谦等人毫不动摇和畏惧，同敌人展开了殊死斗争。2月1日晚召开的紧急会议决定成立总罢工委员会，林祥谦任江岸方面的罢工负责人。2月2日晚，林祥谦和工友们连夜返回江岸部署罢工的各项工作。3日晚，罢工的各项日程已安排就绪，他们决定4日以汽笛声作为罢工的总号令。4日上午一到，所有的汽笛声瞬间响彻整个武汉上空。工人们在林祥谦的指挥下，纷纷停掉手里的工作，离开工厂，走上街头，高喊民主自由的口号。工厂停工，铁路线停运，昔日繁忙的江岸一时间变得死一般的寂静。短短几个小时之内，京汉铁路沿线的两万多名工人就实现了大罢工。面对军警和走狗们的威胁，他们毫不妥协，高喊："没有总工会的命令，决不复工。"

　　1923年2月7日，各帝国主义在华势力以大罢工运动威胁到了他们的经济利益为由，要求吴佩孚用武力对工人展开血腥镇压。吴佩孚在英国等帝国主义势力的支持下，对工人展开了大肆搜捕和残酷杀戮。林祥谦预感事情不妙，提前做好了思想准备，他匆匆回家与家人告别，然后返回了工会。下午，刘家庙铁路警备司令张厚生派手下佯装与工会和谈，在阴谋败露后，亲自带着军队将工会会所团团包围，开始了疯狂的射击，造成江岸30多名工人牺牲，200多人受伤，酿成震惊中外的"二七"惨案。林祥谦带领工人同反动军队进行殊死搏斗，但终因寡不敌众，与十几名工会领导人和工人代表一起被敌人逮捕。

7 日晚上，寒风刺骨，大雪纷飞。敌人把林祥谦绑在江岸车站站台的木柱上。林祥谦大义凛然，坚贞不屈，早已将生死置之度外。张厚生走到他的跟前，怒目而视，要求林祥谦命令工人们立马复工，但遭到林祥谦的断然拒绝。张厚生恶狠狠地命令手下举刀砍向林祥谦。林祥谦身负重伤，他拼尽最后的气力怒斥道："可怜一个好好的中国，就断送在你们这班军阀手里！"张厚生气急败坏，立即命令手下对林祥谦下了毒手。林祥谦英勇就义，年仅 31 岁！

永 恒 丰 碑

林祥谦是中共党史上公认的第一位抛头颅、洒热血的革命烈士，也是中国工人阶级的杰出代表和中国工人运动的先驱者。他的一生，始终为工人"发声"，始终为工人阶级的前途命运而奋斗。在敌人的屠刀面前，他大义凛然，视死如归，以自己的血肉之躯和感天动地的英雄壮举生动地诠释了伟大建党精神。在伟大建党精神感召下，以他为代表的京汉铁路工人阶级在震惊中外的"二七大罢工"的革命斗争中，铸就了"革命自觉、团结奋斗、纪律严明、勇于奉献"的"二七"精神。京汉铁路大罢工虽然失败了，但显示了中国工人阶级的力量；林祥谦虽然倒下了，但他信仰坚定、不怕牺牲、顾全大局、宁死不屈的崇高品质和全心全意为劳苦大众求解放的使命担当，在人民心中矗立起一座精神丰碑。2009 年 4 月，他被评为"100位为新中国成立作出突出贡献的英雄模范人物"之一。

英雄儿女

向警予：
中国妇女运动的"擎旗手"

　　1895年9月，向警予出生于湖南省溆浦县的一个富裕家庭。那一年正值清政府和日本签订了丧权辱国的《马关条约》。由于清政府的腐败无能，中国逐渐沦为半殖民地半封建社会，广大人民生活十分困苦。在16岁之前，她并不叫向警予，而是叫向俊贤。之所以改名，是为了提醒自己要时刻对封建势力保持警惕之心，要时刻与他们做斗争，改变这不公平的黑暗社会，拯救国家和人民。

　　当时的人们普遍认为女性读书是一件"无用"甚至"无德"的事情。

女孩不能读书，要么是因为学校不收，要么是因为父母的不支持，但在她看来主要问题实际上还是来自旧思想的束缚。向警予抓住这个主要矛盾，开始着手解决这个问题。

1916年，向警予在经过湖南省立第一女子师范学校和周南女校的4年刻苦学习之后毕业了。她回到家乡，创办了溆浦女校，并担任校长，开始实践自己"教育救国"的理想。在担任校长的三年里，向警予为了让女孩子上学，可谓竭尽所能，经常为此废寝忘食。她把"自治心、公共心"作为校训，注重实践，尊重每个孩子的个性，为青少年打开了通往知识的大门。

1918年4月，毛泽东、蔡和森等人在长沙创立了新民学会，并以"改造中国与世界"的远大志向倡导和组织进步青年到法国去勤工俭学，寻找革命的真理。第二年，毛泽东专门给向警予写了一封信，希望她能带领妇女出国留学。向警予一收到信就马上赶到长沙，成立了"湖南女子留法勤工俭学学会"。

1919年12月，这批怀揣救国理想的有志青年登上了海船，渡过万里重洋来到了法国。在法国，她一边在橡胶厂和纺织厂做工，一边刻苦地学习马克思的著作。短短两年的勤工俭学生涯，使她成长为一名坚定的马克思主义者。当时在法国勤工俭学的新民学会会员中，在"改造中国与世界"的方法上存在两派对立的观点：一派以萧子升为代表，认为应该实行温和革命，主张不使用暴力。另一派则以蔡和森、向警予为代表，提出了相反的观点，认为应该像俄国那样推翻反动势力的统治，并且旗帜鲜明地提出要成立中国共产党。毛泽东十分赞同这一观点。

1921年7月，中国共产党第一次全国代表大会在上海法租界和浙江嘉兴南湖的游船上胜利召开，宣告了中国共产党的成立。几乎与此同时，远在法国的向警予同周恩来、王若飞等人也成立了"旅欧中国少年共产党"。因此，毛泽东说向警予是"我党唯一的女创始人"。

向警予不但是中国共产党唯一的女创始人，而且还是中国共产党的第一个女性中央委员，并担任了党中央的第一任妇女部长。当时仍然有人认为女性在革命过程中的作用不如男性，可向警予认为妇女应该以"巾帼不让须眉"的精神撑起革命的半边天。

她写了许多文章来陈述妇女对革命的重要性，还起草了很多关于妇女运动的文件，推动了妇女运动的发展。她丝毫没有架子，总是一副平易近人的模样，经常去上海大学的女生宿舍与女青年讨论时事政治，或者在自己住的地方接待前来交流的妇女。她总是很热情地向妇女宣讲马克思主义，并明确告诉她们："我们妇女只有同劳动阶级携起手来，推翻旧制度，才能得到真正的解放！"为了调动妇女的积极性，向警予总是带头深入劳动妇女之间，耐心地宣讲革命道理，走访工人家庭，参加工人和妇女的各种活动，并且还创办了工人夜校。她经常在女工中发表演讲，每当她说完，台下的女工都会激动不已。在她的努力下，许多妇女的思想都发生了巨大的转变，这才有了后来的女工大罢工等事件。

1924 年 6 月，上海有 14 家丝厂发生了大罢工事件，罢工的群体是约 1.4 万名女工。她们强烈要求改善待遇，却遭到了工厂主和军警的镇压，一些人还遭到了逮捕。向警予马上将女工们组织起来，进行更加有效的抗议。她们提出了增加工资、减少工作时长、释放被捕工人等 16 项要求。为了取得罢工胜利，向警予又不辞辛苦地发动女权运动同盟会、全国学生总会和闸北市民协会等团体声援女工的斗争。在她的呼吁下，社会各界纷纷对女工表示支持，这场罢工才取得了最终的胜利。

1925 年 5 月，上海发生了震惊中外的"五卅惨案"。向警予闻讯后愤怒不已，马上组织和领导上海广大妇女投入到这场斗争之中。倾盆大雨中，她亲自带领妇女们走上街头罢工，并做宣传，号召更多的人加入斗争的队伍。面对敌人的威慑，向警予丝毫不惧。她挥舞着拳头，慷慨激昂地发表演讲，揭露帝国主义的罪行，有力地推动了这场伟大的群众性的反帝爱国运动。

1927 年春，向警予来到武汉，领导工人阶级、劳苦妇女开展反帝反封建的革命斗争。1927 年 4 月 12 日和 7 月 15 日，蒋介石和汪精卫相继背叛革命，轰轰烈烈的大革命失败了。国民党和军阀对共产党举起了屠刀。这时候的武汉深陷白色恐怖之中，不断有共产党员被杀害、党组织被摧毁，想要做好党的工作，可谓十分艰难。此时的向警予是享有盛名的妇女运动的领袖，而且她的共产党员身份是公开的，因此成了国民党的重点通缉对象。许多人都劝向警予离开武汉，党组织也打算将她调离，可是向警予却坚决地拒绝了，她说："大风大浪的时刻，一定要沉着、镇定，我决不能离开。"

尽管人身安全受到极大的威胁，向警予却十分清醒。她知道如果这个时候走了，不但会让许多革命同志失去信心，而且会让人民群众失望。这是党的重大危机，唯有勇敢地去面对、去斗争，才能使党脱离危机。为此，她日夜奔忙，常常连饭都顾不上吃。她经常化装成女工和教师，深入群众开展工作，千方百计地与群众保持着密切联系，让他们知道中国共产党从未离开！

坚固的堡垒往往是从内部被打破的。1928 年春，由于叛徒告密，正强忍着饥饿在工人群众中做革命工作的向警予被捕了。国民党反动派对她用了三次大刑，企图从向警予口中挖出共产党的秘密。可面对赤胆忠心的向警予，他们的酷刑和诡计都失效了。狱中的向警予不但没有被吓倒、打倒，反而让革命之火越烧越旺。在狱中，她继续传播革命真理，还领导了绝食斗争。面对敌人的严刑拷打，她高声呐喊道："我向警予一个人倒下了，还有千千万万个向警予会站起来。你们等着吧，你们的末日就要到了！"面对敌人的死亡威胁，她坚定地说道："我为党的事业而死，虽死犹荣！"

此时的向警予不仅是一位共产党员，还是两个孩子的母亲。狱中的她时常拿出孩子的照片久久注视。天下有哪个母亲不想陪着孩子长大呢？可是在党的事业和自己的骨肉之间，向警予选择了党的事业。她知道自己的牺牲是为了让更多的母亲可以和孩子在一起，就像她曾给日夜思念的孩子们写的一首儿歌说的一样："希望你像小鸟一样，在自由的天空飞翔，在没有剥削的社会成长！"

1928 年 5 月 1 日是全世界工人阶级的节日，也是国民党反动派杀害向警予的日子。这一天，通往余记里空坪刑场的路上聚满了人。即便很快就要失去生命，向警予仍然不忘传播革命思想，她大声说道："我是中国共产党党员向警予，为工农劳动大众的解放，不惜流血牺牲！""革命者是杀不完的，毛主席领导的革命队伍，已经登上井冈山了。同胞们，起来吧！反动派的日子不会太长了，革命就要胜利了！"敌人害怕她的演说，就殴打她。向警予不顾疼痛大声唱起《国际歌》，不断高呼"中国共产党万岁！""打倒国民党！"等口号。为了使向警予不再说话，敌人往她嘴里塞满了石头，又用皮带勒住了她的两颊。虽不能说话，但向警予的眼中仍透露出对敌人的鄙夷和对未来的期待。随着雨中的枪声响起，向警予的生命永远地停留在了 33 岁。

永 恒 丰 碑

在中国共产党百年历程中，有许许多多的革命女英雄值得我们永远铭记，向警予是这个群体中的杰出代表。她是中国妇女解放运动的先驱，一生始终为妇女的解放事业奔走呼号，为国家和民族的前途命运日夜操劳。街道旁的激情呐喊、被捕后的坚贞不屈、刑场上的大义凛然，是她革命的一生、战斗的一生、伟大的一生的真实缩影，彰显了她对共产主义理想信念的执着追求。向警予已经离开我们 93 年了，但她追求真理的革命精神、无私无畏的奉献精神和为理想信念的献身精神永远值得我们学习和发扬，永远激励着一代又一代中华儿女不断开拓进取、砥砺前行。伟大的警予，英勇的警予，她是"中国无产阶级永远的爱人"。2009 年 4 月，她被评为"100位为新中国成立作出突出贡献的英雄模范人物"之一。

英 雄 儿 女

彭湃：
热血澎湃为人民

　　1896 年 10 月 22 日，彭湃出生于广东省海丰县一个大地主家庭，从小过着锦衣玉食的生活。人们都以为这个世界上又多了一个地主。可没有人能想到，彭湃不但不愿意当地主，而且还特别痛恨地主。

　　1916 年 10 月，刚满二十岁的彭湃就与封建势力展开了直接的斗争。当时，一个叫陈月波的地主劣绅为了讨好当地一个投机辛亥革命的驻军统领林干材，主动提出要为他立一座雕像，以供人们敬拜。彭湃闻讯后义愤填膺，于是带领海丰中学的同学半夜悄悄地将雕像给破坏了。从此，彭湃成了乡亲们的榜样，但同时也成了地主劣绅们的眼中钉。彭湃的母亲为此忧心忡忡，就劝他别再惹事。彭湃却理直气壮地对母亲说："此事反对豪劣，言正义顺，生死何足关系？"

1917 年初夏，彭湃东渡日本留学。这期间，他积极参加反日救国运动。1919 年 5 月，彭湃和许多留日学生一起在东京举行国耻纪念集会和示威游行，遭到日本警察的镇压。彭湃被打得头破血流。为了唤起和激励更多民众抵制日本，第二天他不顾自己的伤势，又咬破手指，写下了"毋忘国耻"四个血淋淋的大字，寄回海丰中学。当血书寄至时，整个学校都沸腾了，学生们纷纷举行罢课和示威游行，激发出强烈的爱国热情。彭湃也因此成为抵制日本的代表人物，还被日本警察列入了黑名单。

1921 年，彭湃从日本学成归国。他先是加入了社会主义青年团，后来又加入了中国共产党。在经历了一番思考探索之后，他告别了过去那种富丽堂皇的生活，背叛了自己的地主出身和家庭，从此走上了一条开展农民运动的革命道路。他曾写道："这是帝王乡，谁敢高唱革命歌？哦，就是我。"

但是，农运工作一开始开展得并不顺利，农民没有接受穿着光鲜、说话文雅的彭湃。彭湃很快找到了原因，于是他换上粗布衣服，讲着俗言俚语，与农民交往。他还经常跑到农户家去和农民们谈心，"孩子有几个？种多少田？收的米够不够吃？"这样一边问着，一边还帮农民干活。渐渐地，农民开始认同他、接纳他，把他当成农民中的一分子。

1922 年 7 月，为了让农民获得彻底的解放和自由，彭湃做了一件大快人心的好事。这天，许多农民聚集在一个戏台子前面等着看戏，没想到彭湃却拿着一大摞田契走上了台。他对台下农民说了一番令人震惊的话：彭家的田不是彭家的，更不是彭湃的，这些田是农民兄弟终年辛勤劳动的成果。他还大胆地说道：这种剥削农民的不合理制度，必须彻底废除！说罢，把自己名下的这些田契当众烧毁，并宣布：从今日起，他分家所得的那份田地全部归耕种的农民所有！台下的农民沸腾了，许多人激动得热泪盈眶。彭湃用这种最直接的方式唤醒了农民，在农民心中燃起了革命的烈火。

从此，彭湃赢得了农民的无限热爱和信赖，成为海陆丰数十万农民崇拜的英雄，成了农民心中救苦救难的"活菩萨"。人们还编了一首歌谣表达对彭湃的热爱："农军智勇又精忠，战胜豪绅年又丰。人民男女相亲爱，敲锣打鼓迎彭公。"正如瞿秋白所说的那样，彭湃"是中国劳苦的农民群众顶爱的、顶尊重的领袖，在海陆丰农民的眼中，看得像父母兄弟一样的亲热。"

1922年10月25日，海丰第一个正式农会——赤山约农会成立。凡是入会的农民，每人都发给一张红布制成的会员证，上书"不劳动，不得食。宜同心，宜协力"。由于农会可以保护农民的切身利益，海丰出现农民积极加入农会的热潮，彭湃对此兴奋不已："中国农民的阶级斗争，将出现

于南部海丰一隅！"1923年元旦，海丰总农会成立，会员达10万人，彭湃被选为会长。

海丰总农会的成立，遭到地主恶霸的敌视。地主朱墨借口余坤等佃户"佃灭主业"，买通官府将他们抓捕入狱。总农会得知消息后，在彭湃的领导下集合6000余名会员前往官府示威请愿。在农会的强大压力下，余坤等佃农被释放。这次请愿的胜利，极大地促进了各县农会的成立工作。先是陆丰、惠阳、紫金等县纷纷成立农会，继而成立惠州农民联合会，不到两月，又改组为广东省农会，彭湃被推选为广东省农会执行委员长。广东省农会设在海丰，以海丰为中心的粤东农民运动达到了高潮。由于在农民运动中做出的突出贡献，彭湃被毛泽东誉为"农民运动的大王"。

彭湃不仅领导农民成立了"农会"，与地主进行坚决的斗争，而且在农村掀起了一场革除陋习的社会革命。在教育上，"农民协会"成立了农民学校，学生不需要交学费。在医疗卫生方面，海丰总农会办起了农民医药房，农会会员看病一律不收诊费，药费也只收一半，其余的一半由农会负责。此外，农会还组建了仲裁部，专门为会员调解纠纷，不管是事关幸福的婚姻还是人命关天的大案，只要农民一有争执，都愿到农会仲裁部来解决。

除了替农民谋福利，彭湃还想方设法地提高农民对革命的认知。他站在农民的立场上，用农民能听得懂的通俗语言来给大家讲解马克思的阶级和阶级斗争学说以及共产主义社会的美好生活。他号召大家团结起来，一起推翻这个旧社会、旧秩序，建立属于我们劳苦大众当家做主的新社会。在彭湃的努力下，广大农民终于觉醒，走上了武装斗争的道路，取得了不朽战绩。

1927年11月，海陆丰人民第三次武装起义取得胜利，陆丰县（今陆丰市）工农兵代表大会召开，海丰县工农兵代表大会开幕……随后，海丰、陆丰两县苏维埃政府相继成立，展开了声势浩大的土地革命，让广大农民得到了梦寐以求的土地。"耕者有其田"的理想，终于在彭湃和苏维埃政府的领导下实现了！

1928 年冬，彭湃赴上海党中央机关工作，担任中央农委书记。1929年 8 月 24 日，彭湃在参加中央一次重要会议时，因叛徒出卖而被捕入狱。在审讯中，彭湃把国民党的法庭当作了讲坛，慷慨陈述自己投身革命的经历，从没有入党前在海陆丰做农民运动讲起，一直讲到在海陆丰建立苏维埃的经过。当谈到在海陆丰惩办反革命时，彭湃大声呵斥审问官："似你们这班反革命，我们在海陆丰不知杀了多少，你现在不必问，将我枪毙好了！"

在狱中，彭湃积极向狱内士兵、群众和警士宣传中国共产党的主义和政策。这些宣传使"愁苦惨淡的监狱，一变而为激昂慷慨的沙场"。周恩来曾撰文写道："当彭、杨诸同志与士兵谈至痛切处，士兵中竟有捶胸落泪，痛骂国民党军阀非杀尽不可的。当他们说至激昂处，便齐唱《国际歌》与少年先锋歌，士兵与狱中群众亦高呼口号和之。连有些因贫穷而抢劫的在押犯人，都因感动而觉悟道：只有跟共产党走，才是我们穷人的正当出路！有些因革命嫌疑而下狱的群众更加坚决说：我们今后只有革命的一条路了！有些遇难的同志则说：到底是我们的中央领袖，能做我们的表率！狱中有些久闻彭湃大名的人，听说彭湃在这里，都争相来看；还有一些认识彭湃的人，都以是他的旧相识为荣。"

被关进监狱后，彭湃已做好了牺牲的准备。他给党的最后一封信中说："我们在此精神很好。兄弟们不要因为弟等牺牲而伤心。望保重身体为要。"他给自己爱人许冰的遗嘱，也是鼓励她为党的事业而努力。他写道："从此永别，望妹努力前进。兄谢你的爱！万望保重！余言不尽！"信短情深，字字铿锵！

国民党对彭湃实施了惨无人道的酷刑，以致他晕死过去达九次之多，弄得手足俱折、身无完肤！可彭湃却仍不肯屈服。狱友们看到彭湃被折磨成这样，都非常难过。彭湃反而强忍伤痛，安慰和鼓励难友。

1929 年 8 月 30 日下午，国民党决定枪杀彭湃等人。赴刑场前，彭湃走到一个狱中战友身边，把自己身上的外套脱下来，送给了他。他慷慨激昂地向士兵和狱内群众作了最后的赠言，与战友们齐唱着《国际歌》，高呼着口号出了狱门。狱内的士兵和狱友们都痛哭失声。临刑前，面对着刽子手的枪口，彭湃仍然高呼口号，丝毫没有害怕的样子。他的坚贞气节震撼了在场的所有人，甚至国民党的士兵都拒绝向他开枪。一个军官只好亲自操起枪对着彭湃开了火。

为了使中国人民能过上幸福美好的生活，彭湃献出了自己年轻而宝贵的生命，将自己的革命人生永远地停留在了 33 岁。

永 恒 丰 碑

彭湃出身于大地主家庭，本来可以享受舒适安逸的生活，可是他对这些没有丝毫眷恋。为了救国救民，他毅然背叛自己的家庭和阶级，脱下从前的长布衫，换上破旧的农民装，深入到贫苦的农民群众之中从事农民运动，把自己的田地家产全部分给农民，成为农民阶级的解放者与地主阶级的掘墓人，被誉为"农民运动的大王"。为了改造旧社会，实现共产主义理想，他甘愿奉献出自己的一切，直至牺牲自己最宝贵的生命。他的身上闪耀着建党精神的光芒，体现出一个真正的共产党人敢为人先、身体力行、忠诚为民、视死如归的崇高品格。他虽然牺牲了，但他坚守信仰、宁死不屈的英雄事迹和精神将被后人永远铭记。2009 年 4 月，他被评为"100 位为新中国成立作出突出贡献的英雄模范人物"之一。

02 | 信仰之火，可以燎原

光 辉 历 程

大革命失败后，全国一片白色恐怖。但中国共产党人并没有被吓倒，他们从地上爬起来，揩干净身上的血迹，掩埋好同志的尸体，又投入到新的斗争中。1927年8月1日，中国共产党领导和发动了南昌起义，打响了武装反抗国民党反动派的第一枪。紧接着在武汉召开"八七会议"，确定了土地革命和武装反抗国民党反动派的总方针。在"八七会议"精神指引下，中国共产党又先后领导发动了秋收起义、广州起义等武装起义，掀起了土地革命的新风暴。著名的"三大起义"虽然以失败告终，但以毛泽东为代表的先进共产党人，把马克思主义基本原理同中国革命实际相结合，逐步探索出了一条农村包围城市、武装夺取政权的特色革命道路，创建了第一个农村革命根据地——井冈山革命根据地，点燃了中国革命的星星之火，并很快以燎原之势映红了全国的半边天。

1928年4月，"朱毛会师"后，井冈山革命根据地和中国工农红军得到很大的发展，接连击退国民党的多次"进剿"。为了保存革命火种，1929年1月，毛泽东、朱德率领红四军主力转战赣南、闽西地区，建立了赣南和闽西根据地，后来发展成为中央革命根据地，并在反"围剿"斗争中不断发展壮大，为其他地方的根据地建设起到了鼓舞和示范作用。但是，由于"左"倾教条主义在中央的统治，最终导致第五次反"围剿"失败，党和红军被迫实行战略转移，踏上漫漫长征路。

在突破国民党设置的第四道封锁线湘江时，中央红军付出了极为惨痛的代价。在这危急关头，党中央于1935年1月在贵州遵义召开了具有伟大转折意义的会议，重新确立了毛泽东在党和红军中的领导地位，挽救了党和红军，挽救了中国革命。

遵义会议后，中央红军在毛泽东等的正确领导和指挥下，四渡赤水，巧渡金沙江，强渡大渡河，飞夺泸定桥，爬雪山，过草地……行程约二万五千里，于1935年10月到达陕北，与陕北红军胜利会师；次年10月，又与红二、四方面军在甘肃会宁会师，标志着红军长征的胜利结束。在这个时期，无数共产党人为了初心和使命前仆后继、视死如归、向死而生、一往无前，谱写了一首气壮山河的信仰史诗。

英雄儿女

周文雍：
刑场婚礼上的铁血男儿

　　1905 年 8 月，周文雍出生在广东省开平县（今开平市）茅冈乡一个叫凤凰里（后改名为宝顶村）的小村子。他家世世代代都长居于此，父亲周俸成读过几年书，靠着在私塾教书获得的微薄收入来维持家庭的生计。母亲则在家务农，哺育着他们几个兄弟姐妹。小文雍就是在这样艰苦的环境中慢慢地长大。

　　在周文雍很小的时候，父亲就教他认字和读书。虽然学习生活的环境非常艰苦恶劣，但小文雍不怕吃苦，学习非常刻苦努力，成绩名列前茅。

闲暇时间，他除了和小伙伴们一起玩耍之外，最开心的事情就是听别人讲历史故事。尤其是他父亲给他讲起《三国演义》中各路英雄豪杰之间忠肝义胆的故事情节时，他听得津津有味，十分入耳。"留取丹心照汗青"的文天祥、"苟利国家生死以，岂因祸福避趋之"的林则徐等爱国英雄也时常深深地感染着他。他发誓要像他们一样做一个对国家和社会有贡献的人。

1922 年，周文雍以优异的成绩考入了广东省立甲种工业学校机械科，这是一所富有优秀革命传统的学校。由于受到五四运动的影响，大批学生纷纷上街游行示威，加入革命的阵营。在学校，周文雍接触到了早期的共产主义思想，阅读了大量与革命相关的书籍。通过一段时间的学习，他明白要想推翻封建剥削的旧制度，就必须拿起武器奋起反抗，投入人民革命的浪潮之中。次年 5 月，周文雍加入了社会主义青年团，这更加坚定了他的信念，他要把一生都奉献给无悔的革命事业。

1924 年 6 月，越南革命党人范鸿泰制造了维多利亚酒店爆炸案，当场炸死 6 名法国人，炸伤数人。在被追捕的过程中，范鸿泰跳入江中，壮烈牺牲。此后不久，沙面租界的英、法帝国主义者便颁布了侮辱中国人民的《新警律》，对中国人的活动加以严格限制，严重践踏了中国人民的尊严。周文雍等人便深入到一线工人群众当中，对他们进行宣传和教育，号召工人们团结起来举行罢工活动，反抗帝国主义者的野蛮残暴的行径。罢工活动坚持了 40 余天，迫使帝国主义者取消了《新警律》，罢工取得了胜利。这一年校方却以无故旷课、经常参与社会活动为由，开除了周文雍的学籍。但周文雍并没有感到惋惜，而是继续在广州地区从事工人、学生运动。1925 年，周文雍加入了中国共产党。此后，他将更多的精力投入到工人运动当中，其中最著名的有省港工人大罢工。

1925 年，五卅运动的爆发掀起了全国革命运动的新高潮，中国共产党对当时的革命运动又有了新的认识。在妇女解放协会，周文雍遇到了他日后的妻子陈铁军。陈铁军是大家闺秀，从小就对父母包办婚姻、封建礼教对妇女的约束感到不满，便毅然决然地走上了革命道路，为争取妇女的独立、解放和自由而奔走。在手车夫工会，她为工友们饥寒交迫的生活所痛心，也为周文雍和工人之间的真挚感情所感动。此后，陈铁军经常到工会去，不但教工友们识字读书，还向他们宣传革命思想。她深深懂得要不畏艰苦、不怕牺牲才能换来革命的成功。

1927年4月，蒋介石在上海背叛革命，发动了震惊中外的"四一二"反革命政变，大肆屠杀共产党员。1927年7月，汪精卫在武汉背叛革命，正式同共产党决裂。在白色恐怖笼罩之下，全国大批党组织被敌特分子破坏，不得不转入地下开展工作。这时，陈铁军也一度和党组织失去了联系，但她并没有丢失理想信念。她通过张贴革命宣传标语、刊登文章揭露国民党不得人心的黑暗统治来寻找党组织。经过艰苦努力，她终于又找到党组织，重新与周文雍相聚在一起。

1927年8月1日，为了挽救中国革命，周恩来、贺龙等人在南昌发动了武装起义，打响了武装反抗国民党反动派的第一枪。随后，中央召开了具有转折性意义的八七会议，纠正了陈独秀所犯的右倾机会主义错误，确立了土地革命和武装斗争的总方针。1927年9月9日，毛泽东领导和发动了湘赣边界秋收起义，使中国革命开始了具有决定意义的新起点。为了配合全国革命的需要，广东也成立了行动委员会，周文雍是其中的主要负责人之一。组织上为了方便开展工作，让他和陈铁军假扮夫妻，建立党的机关，开展党的工作。他们两个人朝夕相处，一起讨论革命问题，学习党的先进思想，诵读着激情澎湃的革命史诗，畅想着革命胜利后的日子，彼此建立起了非常深厚的革命友谊。

南昌起义和秋收起义的相继失败，并没有影响广东人民的革命热情，他们依然在自己的阵地上顽强勇敢地同敌人做斗争，伺机发动一次更大规模的武装暴动，给予反对派更沉重的打击。9月中旬，国民党张发奎部回到广东。10月15日，中共南方局和广东省委联席会议在香港召开，会议改组了南方局和广东省委，张太雷任省委书记。会议决定一旦遇到有利时机，就要立刻发动武装革命。11月，周文雍率领数千名工人上街游行示威，将汪精卫的府邸团团围住。在与军警的激烈冲突之中，周文雍身负重伤，被捕入狱。在陈铁军和其他革命同志的共同努力下周文雍被成功救出。

同年11月26日，张太雷主持召开省委常委会，具体研究暴动事宜。与会人员普遍认识到暴动的时机已经成熟，应尽快发动起义，这次会议还研究了具体的准备工作。会议宣布成立了由张太雷、黄平和周文雍三人组成的革命军事委员会。张太雷任总指挥，负责指挥全局和军事行动。周文雍则负责赤卫队的行动。由于走漏风声，张发奎部有所察觉，起义时间于是提前到了12月11日的凌晨3点半。在张太雷、周文雍等人的领导下，起义部队一路高歌猛进，浴血奋战，很快控制了广州大部分城区，于当日上午成立了广州苏维埃政府。人们纷纷走上街头，兴高采烈，敲锣打鼓，表达对起义军和革命政府的热烈拥护之情。

起义爆发后不久，张发奎等立即电令前线各部队回师广州，对起义军和革命政府进行残酷镇压。为了防止敌人的反扑，张太雷等指挥部队进行了顽强的抵抗。终因寡不敌众，起义军被迫撤离，张太雷壮烈牺牲，轰轰烈烈的广州起义宣告失败。国民党反动派重新占领广州后，广州一直处于白色恐怖的笼罩之下。为了重建当地的党组织，组织上派周文雍和陈铁军再次假扮夫妻，回到广州从事地下工作，重建党的机关。

回到广州之后，周文雍和陈铁军巧妙配合，不顾个人安危，与先前留下来的地下党同志一起，深入农村、工厂和学校开展工作。为了适应险恶的工作环境，他们经常变换身份，努力寻找与党组织失去联系的同志，为重新恢复广州的革命活动做出了重要贡献。他们还在公共场合散发传单，鼓励群众要对革命前途抱有信心，告诉他们暂时的失败并不可怕，只要工农群众联合起来，革命就一定能够获得最终的胜利。不幸的是，危险很快就降临了。1928年2月2日，由于叛徒告密，军警获悉了他们的住处，将他们逮捕入狱。

在监狱里，敌人对周文雍进行严刑拷打和威逼利诱，但都无济于事。见来硬的不行，敌人便改为拿高官厚禄来诱降他。周文雍大义凛然，不为所动，表现出共产党人的高尚气节。他把敌人拿来用于劝降的笔和纸作为斗争的工具，揭露反动派所犯下的滔天罪行。在牢狱的墙壁上，他用自己的鲜血书写了一首气吞山河的绝命诗：头可断，肢可折，革命精神不可灭。壮士头颅为党落，好汉身躯为群裂。陈铁军和周文雍一样受尽各种酷刑，但仍然坚贞不屈。万般无奈之下，敌人只好开庭审判，将他们判处死刑。

1928年2月6日，是敌人杀害周文雍和陈铁军的日子。在被押往刑场的路上，周文雍和陈铁军高喊革命口号，向路边的群众宣传革命真理，慷慨激昂、义无反顾地走向刑场。刑场上，寒风萧瑟，却挤满了围观的群众。周文雍和陈铁军相互扶持，肩并肩，手挽手，好似两座丰碑挺拔屹立。行刑之前，周文雍公开了他与陈铁军的恋人身份，说："今天我们要举行婚礼了，让反动派的枪声作为我们结婚的礼炮吧！"群众被这惊天地、泣鬼神的一幕感动得潸然泪下。"同志们，革命到底！"他们最后的呐喊声响彻在广州的上空。随着枪声响起，周文雍和陈铁军壮烈牺牲。

永恒丰碑

信仰是什么？信仰就是为广大劳苦大众谋幸福。周文雍是一位铁血男儿，为了党的事业和人民的幸福，在极其险恶的环境中不懈奋斗。"壮士头颅为党落，好汉身躯为群裂"的悲壮诗句，酣畅淋漓地表达了周文雍忠诚为党、矢志为民的无怨无悔的革命信仰。周文雍和陈铁军出身于两个完全不同的家庭，却有着共同的革命信仰，是信仰的力量将他们带向了同样的人生道路，经受住了敌人酷刑的折磨，最后共赴刑场。面对死亡，他们无所畏惧，高呼"革命到底"！慷慨激昂地公开了他们纯真的革命爱情，在反动派的枪声中完成了他们惊世骇俗的婚礼。英雄虽逝，精神不灭！周文雍及其刑场上的婚礼，至今依然烛照着神州大地，激励着成千上万的中华儿女！2009年4月，周文雍和陈铁军一同被评为"100位为新中国成立作出突出贡献的英雄模范人物"。

英雄儿女

黄公略：
威震四方的"飞将军"

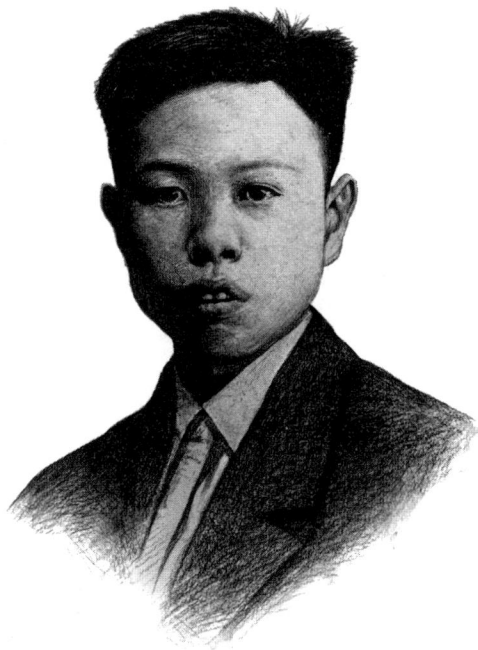

1898 年 1 月，黄公略出生于湖南省湘乡县（今湘乡市）桂花乡的一个普通农民家庭。他的父亲黄秀峰是乡里有名的教书先生。在父亲的影响下，黄公略自幼勤奋好学，博览群书。因此，他高等小学毕业后不久便追随父亲的步伐，回到家乡做起了一名私塾先生。

没过多久，湖南军阀张敬尧不顾民意，大肆派兵镇压人民群众反对袁世凯和日本秘密签订"二十一条"的爱国运动。面对国家军阀混战、四分五裂、积贫积弱和社会黑暗、民不聊生的悲惨状况，黄公略经过深思熟虑，毅然弃文从武。

1916年，黄公略进入湘军服役，与李灿、彭德怀等人结下了深厚的友谊，成为具有共同革命理想的战友。1922年，黄公略以优异的成绩考入湖南陆军讲武堂，毕业后回到原部队，历任副连长、连长等职。1926年，黄公略参加北伐战争，他骁勇善战，显示出卓越的军事指挥才能，被提拔为少校团副。

为了能更好地肩负起救国救民的重任，黄公略于1927年1月考入黄埔军校，成为第三期高级班的学员。也是在这一年，黄公略参加了由张太雷、叶剑英、叶挺等人领导的广州起义并加入了中国共产党。

1928年7月，彭德怀、滕代远、黄公略等发动和领导了湖南"平江起义"，成立了中国工农红军第五军，彭德怀任军长，滕代远任党代表，黄公略任第四团党代表。

1928年底，彭德怀率领红五军主力部队转战井冈山，在那里与毛泽东率领的红四军胜利会师，很好地保存了革命力量。黄公略则留在平江地区继续领导红五军余部开展艰难的游击战争。在物资匮乏、兵源不足、军队士气不高的情况下，黄公略大胆谨慎，沉稳冷静，在山沟野岭中紧紧依靠广大人民群众，击败了国民党反动派的多次"围剿"，表现出高昂的革命乐观主义精神和非凡的应变处置能力，在极端困难的条件下领导广大军民开辟和发展了湘鄂赣边区革命根据地，出色地完成了上级交给的任务。

1929年初，黄公略率领部队在浏阳一带发动了一系列暴动，消灭了一批反动分子，缴获了大量生活和军用物资，很好地保护了当地老百姓的生命财产安全。在他有力的领导下，湘鄂赣边区革命根据地建设如火如荼。这年8月，彭、黄两部再一次会合，部队人数大增，士气高昂，并取得了十几次大大小小战斗的胜利。"彭黄"红军的美誉由此在老百姓当中广为流传。

1929年冬，受党组织委派，黄公略来到赣西南的中央苏区，组建工农红军第六军并担任军长。不久，红六军改为红三军。作为军长，黄公略时刻牢记使命职责，严格遵守党和红军的纪律。他率领部队在赣西南地区打游击，全军上下生活极苦，他这个军长也变得十分消瘦。当时寄宿在老百姓家里，房东大娘见他如此辛苦和消瘦，就把自家的一只母鸡杀了炖汤给他补养身体。为了不让他有心理负担，房东大娘撒谎说是别人送来的。黄公略自然不信，一经琢磨就知道定是房东大娘杀掉了自家的鸡。不拿群众一针一线是每个红军都要遵守的，作为军长又怎么能例外呢？于是他马上命令警卫员拿着他的饷银去付钱。钱付完了，他仍然不吃，而是端着鸡汤走到厨房，倒进了战士们的饭锅里。黄公略模范遵守纪律的事迹以及与战士们同甘共苦的精神打动了很多人，更激发了苏区广大军民极大的革命斗志。

1930年10月，蒋、冯、阎大战结束后，蒋介石调集十万重兵，对中央革命根据地进行第一次大"围剿"，龙冈之战就是其中著名的战役。在此次战役中，毛泽东分析了敌强我弱的形势，依靠根据地的有利地形，作出了"诱敌深入"的决策，即把敌人引到根据地腹地，在人民群众的支援下，集中优势兵力，在运动中各个歼灭敌人，由红三军担任正面进攻。12月28日，敌总指挥、国民党第十八师师长张辉瓒率部气势汹汹地扑向龙冈。12月30日，各路红军按照毛泽东、朱德的部署，在云雾的掩护下，踏着泥泞湿滑的羊肠小道，向龙冈悄然挺进。黄公略率领红三军急行军，于拂晓前赶到王竹峰设伏，准备正面迎敌，诱敌深入。敌军经过两天的行军，已是疲惫不堪。当他们的先头部队进入王竹峰时，黄公略一声令下，红三军将士便以迅雷不及掩耳之势，冲向敌阵，枪声、炮声和手榴弹爆炸声连成一片。不到一个小时，敌先头部队被消灭得干干净净。此时，张辉瓒如梦初醒，急令东固的五十二旅一个团前往增援。当敌人的援军慢腾腾地来到王竹峰，进入红三军、红四军张开的口袋时，四面山上响起了"嗒嗒嗒"的机枪声、"轰隆隆"的爆炸声和"缴枪不杀"的喝令声。只一顿饭工夫，敌人的援军便被完全消灭。红军将士越战越勇，他们一边高呼"活捉张辉瓒！"一边以排山倒海之势杀进龙冈镇。张辉瓒见大势已去，急忙换上士兵的服装向武功山逃窜，但被搜山的红军战士抓获，后被愤怒的革命群众公审枪决。至此，中央苏区第一次反"围剿"斗争取得了完全的胜利。在龙冈战役中，黄公略率领的红三军始终担负正面进攻，歼敌人数占总数的一半以上。他本人也始终身先士卒、冲锋陷阵，奋不顾身地在前线指挥战斗，为取得战役

的胜利立下了头功。1931年4月，蒋介石又纠集20万兵力向中央苏区发动了第二次大"围剿"，其兵力部署西起赣江，东至福建建宁，绵延300多公里。而红军当时只有红一方面军的三万余人，处于绝对劣势。面对严峻形势，在中央局扩大会议上，黄公略坚决支持毛泽东的主张：坚持"诱敌深入"的方针，集中优势兵力给敌人以毁灭性打击。在毛泽东指挥下，红一方面军连打五个胜仗，歼敌三万多人，打破了敌人的第二次大"围剿"，进一步扩大了中央革命根据地。在这次战役中，黄公略巧妙地将阻击战演变为伏击战，特别是他率军从天而降的英姿，给毛泽东留下了深刻的印象，被毛泽东称誉为"飞将军"。1931年6月，蒋介石调集三十万军队，自任总司令，向中央苏区发动第三次大"围剿"。面对敌我双方力量相差悬殊的形势，黄公略忠实执行毛泽东"避实就虚"的战略方针，与红一方面军其他兄弟部队绕道千里，回师兴国，利用根据地的有利条件，发动群众，在运动中寻机歼敌。历时三个月，红一方面军歼敌三万余人，彻底粉碎了国民党军队的第三次大"围剿"。特别是老营盘一战，黄公略率领红三军仅用40多分钟时间，就消灭国民党军队一个旅。

黄公略对待战士们和老百姓有情有义，但对待自己的亲人却"铁面无情"。1931年1月，中央苏区取得了第一次反"围剿"胜利，蒋介石暴跳如雷。当他得知红军将领黄公略在反"围剿"作战中发挥了极大作用之后，马上使出了离间计——一方面，国民党将黄公略的妻子和母亲押到长沙，并在报纸上登出消息说黄公略将母亲与妻子送到长沙准备投诚，以此来混淆视听。另一方面，他们派出黄公略同父异母的兄长黄梅庄等人去劝降。黄梅庄带着蒋介石的亲笔信和一大笔钱，以黄公略兄长的身份进入中央苏区，但是一到中央苏区就被彭德怀等人套出了他们的目的，还搜出了蒋介石的亲笔劝降信。由于黄梅庄是黄公略的兄长，黄公略的母亲和妻子又被扣押在长沙，如何处理这件事，就成了一个棘手的问题。党组织将情况告知黄公略，征求他的意见。没想到黄公略既没有因为母亲、妻子被扣押而犹豫不决，也没有因为黄梅庄是他的兄长而留情，而是回复了简短的八个字——"一刀两断，义无反顾"！敌人以为用亲情要挟，黄公略就会有所顾忌，但是他们却低估了黄公略坚守原则、大公无私的革命境界。黄梅庄最终被处死，极大地震慑了敌人。

但不幸的是，黄公略这位为党和军队屡建奇功的"飞将军"，在一次向瑞金转移的行军途中被敌机扫射的流弹射中，经抢救无效不幸牺牲，年仅33岁。黄公略的一生充分展现了"坚定执着追理想，实事求是闯新路，艰苦奋斗攻难关，依靠群众求胜利"的伟大井冈山精神。他的革命精神必将被后人永续传颂和发扬光大。

永 恒 丰 碑

"赣水那边红一角，偏师借重黄公略。"这是毛泽东热情洋溢地赞誉黄公略的词句。黄公略是一位战功赫赫、铁骨铮铮的红军高级将领。他精通韬略，文武双全，率兵作战深谋远虑，善出奇兵，屡建功勋。在短暂而富有传奇的一生里，他紧紧依靠人民群众，在极为艰苦的条件下开展游击战争，开辟和扩大革命根据地；他爱兵如子，一心为民，清正廉洁，甘于奉献；在大是大非面前，他坚持真理，恪守原则，大义灭亲，公正无私。从黄公略身上，我们感受到了伟大的井冈山精神和苏区精神。他所表现出来的坚定的理想信念、革命乐观主义情怀和在极端困难条件下敢于斗争、善于斗争的品格值得后人礼赞、传承和发扬光大。1994年8月，他被中央军委确定为我党我军36位军事家之一；2009年4月，他被评选为"100位为新中国成立作出突出贡献的英雄模范人物"之一。

英雄儿女

陈树湘：
断肠明志铸忠魂

　　1934 年 12 月，在前往道县县城的路上，有几名士兵模样的人正抬着一副担架。担架上躺着一位身负重伤、面容坚毅的红军，鲜血染红了他打满补丁的灰色军装。突然，只见他乘士兵不备，将手顺着伤口伸进肚子，拽出肠子，随后用尽全身力气大喊一声，猛然将其扯断，壮烈牺牲！这位以死明志的红军便是被誉为"铁血后卫"的红三十四师师长陈树湘。

　　陈树湘，原名树春，1905 年 1 月 30 日出生于湖南长沙一个贫苦农民家庭。他年幼丧母，后来家乡大旱，便和父亲来到长沙市小吴门外，以种菜为生。1919 年，五四运动爆发后，湖南兴起了大量的爱国示威运动。年少的陈树湘被这些爱国运动震撼了，充满好奇心的他常常参与其中。恰巧当时毛泽东等革命领袖居住在离陈树湘不远的地方，他经常为毛泽东等人送菜，是上门的"老熟人"。在交往过程中，陈树湘受到了他们的巨大影响，革命意识也逐步树立起来。

1922 年毛泽东将陈树湘介绍给夏明翰做助手，组织长沙人力车工人的罢工斗争。在夏明翰和陈树湘的努力下，长沙人力车工人终于在 10 月 8 日在全城举行了罢工示威游行，车租获准减少了一半。此后，陈树湘相继参加了多次长沙市群众的示威游行，进一步认清了旧社会的黑暗，革命意志更加坚定。1925 年 7 月，20 岁的陈树湘光荣地加入了中国共产党，开启了他气壮山河的革命生涯。1927 年，陈树湘在第四军二十四师叶挺部参军入伍，后来正逢毛泽东发动秋收起义，他便跟随大部队上了井冈山。在井冈山，他参加了多次反"围剿"斗争。在开辟赣南、闽西革命根据地的战斗中，陈树湘作战勇猛、机敏果断、灵活多变，立下了不少战功，受到了毛泽东等红四军领导的赞赏和重视。1934 年 3 月，陈树湘被任命为红五军团三十四师师长。1934 年 10 月，中央红军开始了艰难的长征。红三十四师奉命为整个中央红军担任后卫。一路上敌人围追堵截，红军突破一道又一道封锁线。作为后卫的红三十四师在陈树湘的带领下与追击的敌人展开激烈的战斗，巧妙地甩掉了追击之敌。11 月 14 日，陈树湘在道县边界利用地形优势阻击敌人，又一次成功地掩护中央红军撤退。当大部队行进到湘桂边界后，蒋介石调集了近 30 万大军以合围之势朝兴安、全州县境湘江以东地区快速而来，全军形势异常严峻。

1934 年 11 月 26 日，红军主力抵达湘江附近。为了掩护中央红军抢渡湘江，陈树湘带领部队与数倍于己的尾追之敌激烈交锋，一路边打边走，连续阻击敌人。直到傍晚，枪声才渐渐停了下来，战士们利用这宝贵的时间得以短暂休息。在红军主力即将强渡湘江前夕，军团长董振堂和红军总参谋长刘伯承专程前来召开紧急干部会议。会上董振堂表情严肃地说："同志们，国民党反动派察觉到我们有强渡湘江，到湘西与我红二、红六军团会合的战略意图后，蒋介石任命何键为追剿军总司令，又调集26个师30万人的重兵，布下了一个袋形阵地，企图在潇水至湘江盆地上，彻底消灭我军！我军现已处在敌人袋形阵地之中，危在旦夕！"接着，董振堂和刘伯承下达了作战任务，要求红三十四师担任中央红军后卫，阻击敌人，为主力部队和中央机关渡江争取时间，同时掩护刚组建不久的红八军团。任务下达后，刘伯承语重心长地对陈树湘说："在敌重兵压境的情况下，把整个红军的殿后任务交给你们师，这个担子很重啊！你们要冒非常大的风险！"面对军团和总部首长的信任，陈树湘庄严地向两位首长敬了个军礼，说道："自古英雄不怕死，打天下哪有不承担风险的。我代表全师指战员，向朱总司令、周总政委和军团首长保证，我们三十四师坚决完成任务，决不当孬种，为全军团争光！"

11月27日，伴随着一声枪响，湘江战役打响了！陈树湘带领红三十四师与紧咬其后的国民党李云杰、李韫珩部以及地方保安部队持续交火，一路边打边走，但敌人却越来越多，不断向湘江包围而来。11月28日，红三十四师同十多倍于己的敌人进行殊死战斗。敌人三面围攻，空中有几十架敌机来回不停地轰炸。面对这样的恶劣局势，陈树湘镇定自若，沉着指挥，不断根据中央红军行进方向做出调整，一道道指令准确而快速下达，他带领全师一次又一次地打退敌军的猛烈进攻。他明白在这里多阻击敌人一分钟，中央红军就能够多几分成功的机会。就这样他们与敌人整整艰难鏖战了四天五夜，强烈的信念始终支撑着他们疲惫的身躯。30日清晨，中央红军和红八军团全部顺利渡过湘江。红三十四师终于光荣地完成了军委交给他们的任务，但也付出了巨大的牺牲，全师上下在战役之前有6000多人，等到主力部队安全渡江后已锐减至不足千人。敌人的进攻还在继续，此时的红三十四师已经陷入敌军的重重包围之中。陈树湘果断下令全师立即架设浮桥准备渡江。浮桥很快就架好了，当大家准备全力过江时，敌机过来轰炸，转眼间浮桥便已化作了一片火海，部队再一次受到了重创。眼看已无法渡江，陈树湘毅然决定寻找敌人的薄弱点突围。部队在突围过程中，战士们忍着疲惫、饥饿和寒冷翻过了海拔1900米的宝盖山，来到凤凰嘴一带试图渡江，却再次遭遇了敌四十三师和四十四师的猛烈攻击。陈树湘心里很清楚，这次可能就是渡江的唯一机会了。他亲自扛起一支步枪，带领队伍奋力冲锋。但是由于敌人火力太猛，战士们因连续作战早已疲惫不堪，最后未能突破封锁线。部队再一次遭到重创，全师仅剩的七八百人被冲散。陈树湘多年的老战友，红三十四师政委程翠林和政治部主任蔡中也在这次战斗中相继牺牲。紧急关头，陈树湘为保全剩余力量，命令参谋长王光道和团长韩伟带领两支队伍分头突围。12月12日，陈树湘和参谋长王光道率领师直属队伍突围到桥头铺一带试图抢渡牯子江。当他们乘坐的木船行驶至江心时，突遭江华县保安团袭击，部队死伤惨重。陈树湘也被一颗子弹击中腹部，仓促之下只能用皮带压住伤口，继续指挥部队靠岸。上岸后战士们立即扎了个简易的担架将陈树湘抬起就走，当部队到达道县四马桥的早禾田村时，只剩下了100多人。这时道县的保安团打了过来，队伍边打边走。为了保存有生力量，陈树湘掩护参谋长王道光等突围，自己和警卫员开枪吸引敌人火力，被迫撤退到路边的一个破庙里，依托破庙的掩护继续向敌人射击，最后弹尽援绝，因失血过多陷入昏迷而被俘。

　　在四马桥"正生药店"负责指挥的敌保安团营长何湘听说抓了个红军的师长，异常高兴。他赶忙叫人将陈树湘抬过来殷勤招待，却被陈树湘断然拒绝。何湘见他无畏生死，便赫然问道："你不怕死？"陈树湘轻蔑地看他一眼，说："为革命，我准备随时献出一切！"何湘见状企图阻止他，说道："你们的队伍马上就要打光了，你们共产党的革命只能是痴人说梦！"陈树湘冷哼一声："我们的主力部队已经突围，革命的力量迟早会发展壮大！"何湘脸色变得铁青，咬牙切齿地说道："你想死？没那么容易，我不会让你死的，我要把你交到上级手里，交到南京，让全天下的人都看看，你们共产党完了，你们红军完了！"陈树湘大声

呵斥："住口！共产党不会完，红军也永远不会完。你们只是抓住我一个，全中国还会有无数的革命战士继续斗争，革命的烈火，必起燎原之势！"面对陈树湘的凛然气势，何湘气愤之余毫无办法，只好叫人抬着陈树湘，送往道县县城保安团司令部请功。当押送队伍行至道县石马神村时，陈树湘乘敌不备，解开皮带用力咬着牙，将手硬生生伸进伤口之中，拉出肠子，随后用尽全力大吼一声扯断肠子，英勇就义！实现了他"为苏维埃新中国流尽最后一滴血"的誓言，时年29岁。

永恒丰碑

　　断肠，通常作为一种形象的说法，被人们用来形容极度痛苦。可是，对于红军长征时的红三十四师师长陈树湘来说，这不只是一个形容词，而是一种崇高的选择。他顾全大局，把人民幸福和民族复兴看得高于一切，具有坚定的革命理想信念。在惨烈的湘江战役中，他率领全师指战员不畏艰难险阻，与重兵压境的敌人鏖战。在完成掩护红军主力渡江的艰巨任务后，全师尽没，自己也因重伤陷入敌手。在敌人面前，他大义凛然，视死如归，最后以"断肠明志"的悲壮方式实践了自己"为苏维埃新中国流尽最后一滴血"的豪迈誓言。陈树湘用29岁的青春与生命塑造了一位优秀共产党人对党和人民绝对忠诚的光辉形象，生动地诠释了"革命理想高于天"的深刻内涵，与其他成千上万的共产党人和红军将士一起共同浇铸了伟大的长征精神，激励着我们奋力走好新时代的长征路。陈树湘牺牲了，但他精神不死，英魂永存。2009年4月，他被评选为"100位为新中国成立作出突出贡献的英雄模范人物"之一。

03 信仰如磐，以身许国

1931 年九一八事变爆发后，中国共产党率先举起了武装抗日的旗帜，在东北多地建立抗日游击队打击日寇，成为中国人民抗日战争的起点。1935 年 12 月，中国共产党召开瓦窑堡会议，作出了建立抗日民族统一战线的决策。1937 年 7 月 7 日，震惊中外的卢沟桥事变爆发，标志着中国进入全面抗战时期。在中华民族生死存亡的关头，中国共产党顺应全国民众要求联合起来共同抗日的强烈呼声，高举反对日本帝国主义的旗帜，努力促成了抗日民族统一战线的形成，实现了国共第二次合作。

国共第二次合作实现后，很快形成了正面战场和敌后战场两个抗日战场。中国共产党制定和实施了全面抗战路线和持久战的战略总方针，领导人民军队深入敌后发动群众，开展敌后游击战争，建立和发展抗日民主根据地。与此同时，国民党在正面战场先后进行了平津、淞沪、忻口、徐州、台儿庄等战役。国共合作开创了"1+1 > 2"的抗战新局面，粉碎了日军三个月灭亡中国的狂妄计划。然而，国民党顽固派不顾抗战大局，悍然掀起三次反共高潮。面对严峻形势，中国共产党沉着冷静、顾全大局，制定和实行了发展进步势力、争取中间势力、孤立顽固势力的方针，坚持和巩固了抗日民族统一战线。为了打破日寇和国民党的经济封锁，中国共产党开展了轰轰烈烈的大生产运动，进一步巩固了抗日根据地。1941 年至 1945 年，中国共产党又开展了整风运动，为抗日战争的胜利奠定了思想政治基础。1945 年 8 月 9 日，毛泽东发表《对日寇的最后一战》的声明，中国的抗日战争进入全面反攻阶段。1945 年 8 月 15 日，日本宣布无条件投降，并于 9 月 2 日在投降书上签字。至此，中国抗日战争取得了最终的胜利。

在 14 年的抗日战争中，千千万万的中国共产党人前赴后继，英勇奋战，成为全民族抗战的中流砥柱。他们用天下兴亡、匹夫有责的爱国情怀，视死如归、宁死不屈的民族气节，不畏强暴、血战到底的英雄气概，百折不挠、坚忍不拔的必胜信念，铸就了坚如磐石的信仰砥柱。

英 雄 儿 女

冷云：
碧血染浑河，浩气贯长虹

　　冷云，原名郑香芝，1915 年出生于黑龙江佳木斯市桦川县悦来镇一个条件较好的市民家庭，从小接受了良好的教育。1931 年九一八事变后，就读于桦川县立师范学校的她，满怀爱国激情，带领广大同学"搞募捐""作演讲"，积极参加当地的爱国运动。在日寇铁蹄肆虐、东北民不聊生的困境下，受老师董仙桥等的影响，她逐步坚定了对马克思主义的信仰，后在党组织的关心培养下，思想觉悟不断提高，于 1934 年光荣地加入了中国共产党，开始了她抗日救国的精彩人生。

　　为了东北人民早日脱离苦海，她忍受着莫大的委屈接受了父母安排的包办婚姻。1935 年年底，冷云顺利从师范学校毕业，被分配到家乡桦川县悦来镇南门里的学校担任教师。毕业前夕，她把自己的名字改为"郑志民"，立志终生"为国为民"。在学校，她除了讲课，还有一个重要的秘密任务，就是利用教师身份作掩护，暗中开展群众工作。在上课时间对学生们进行爱国主义教育，休息时在教师中积极传播革命思想。然而就在这个时候，她的未婚夫孙汉奇，不停地上门逼婚，而孙汉奇是一名不折不扣的伪警察。她极为反感这桩包办婚姻，希望党组织将她派往抗日前线。但是出于对她担任的重要工作以及存在暴露组织的重大风险两方面考虑，党组织希望她能以抗日大局为重，暂时与孙汉奇完婚，并等待时机争取策反他。为了救国救民，她听从党组织建议，牺牲个人利益，与孙汉奇成婚。结婚后的孙汉奇思想不但没有改变，反而沉浸在汉奸身份中洋洋自得并限制冷云的行动。在家中，冷云有苦难言，心情十分低落，只有到了学校才好些。与此同时，她和学校的另一名中共地下党员吉乃臣常在一起下棋、打球，并在工作中慢慢产生了革命感情，这才让身心俱疲的她多了一点慰藉。

　　由于局势的变化及孙汉奇的无可救药，党组织果断决定安排冷云参加抗联。经党组织安排，冷云与吉乃臣以"私奔"的名义离开家乡，投奔抗联部队。在董若坤等人的帮助掩护下，他们前往抗联第五军。为了不连累家人，冷云再一次改名，她从自己喜欢的唐诗名句"冷云虚水石"里撷取"冷云"二字作为自己的名字。"冷云"与"凌云"谐音，寄托了冷云忠贞报国的凌云壮志和救国救民的理想信念。吉乃臣则更名为周维仁。

　　1937 年 8 月 18 日，冷云和周维仁到达抗日联军第五军，受到军长周保中的接见。周保中向他们表示了热烈的欢迎，对他们投笔从戎，给予高度赞扬。考虑到他们都当过教师，又有丰富的文化教学经验，周保中便安排他们先去后方秘书处工作。周保中在当天的日记里曾写下了这件事：送转地方工作同志冷云、周维仁入队。

冷云和周维仁在不断接触中加深了感情，到部队后不久，经党组织批准，正式结为革命伴侣，实现了他们的夙愿。他们在抗联队伍里，一起抗日救国，畅想着赶走日寇后的美好家园的模样。

在部队熟悉一段时间后，冷云开始担任秘书处的文化教员一职，她利用自己曾经是教师的身份，充分发挥自己积累的教学经验，根据战士们的实际文化水平制定了一套教学办法，自己编写课本和宣传材料，用剥了皮的大树干做黑板，拿烧黑的树枝做粉笔，还找来桦树皮做纸张，尽其所能地为战士们提高文化素养，传播革命思想。闲暇时光，她还经常为劳累的战士们表演唱歌舞蹈，丰富了队伍的文化生活。冷云勤劳细心、平易近人，又多才多艺，受到领导和战士们的热烈欢迎。

冷云的出色表现得到了党组织的重视，考虑到她历经考验已逐步成为一名成熟的共产主义战士，又具备一定的组织能力，便派她到第五军的妇女团担任小队长，后任命她为指导员。当时，冷云已怀孕，部队的生活异常艰苦，但她仍顽强工作。1938年春，她生下了一个小女孩。不久，她的爱人周维仁在一次战斗中不幸牺牲。她化悲痛为力量，仍然坚持在抗战第一线。

由于日伪军的"三江省大讨伐"行动，1938年4月，抗日联军第四、第五军和第八、第九军组成西征军远征，以此粉碎日军妄图将抗联部队"围歼"的阴谋。7月，大部队开始西征，行军环境非常恶劣。冷云无法将女儿带在身边，为了不耽误工作，她忍痛将刚生下两个月的女儿，送给依兰县土城子的一对朝鲜族夫妇抚养。

7月12日，冷云带领妇女团参加了攻打楼山镇战斗。之后，第四、第五军兵分两路继续西进。为了方便统一行动，第四军的女同志全部并入了冷云所在的第五军妇女团，跟随大部队继续前进。然而西征部队在进入苇河、五常地界时暴露了目标，遭到敌人的猛烈进攻而陷入重围。当部队奋力突破重围后，第五军第一师仅剩下100多人。冷云所在的妇女团也伤亡惨重，只剩下包括她在内的8名战士，其他7名战士分别是杨贵珍、胡秀芝、安顺福（朝鲜族）、郭桂琴、黄桂清、李凤善（朝鲜族）和王惠民。她们年龄最大的是冷云（23岁），最小的是王惠民（13岁）。

1938年10月上旬，时值深秋，冷风阵阵袭来。经过一番苦战，第五军第一师行军到达牡丹江支流——乌斯浑河西岸柞木岗山下稍做休整。夜晚温度下降，愈发寒冷，大家身着单衣紧紧地靠在一起取暖。冷云和其他妇女团成员帮战士们及时修补衣物。然而，抗联的行踪却被日本密探发现了。日伪军连夜向第五军第一师露营地袭来。由于摸不清第一师底细，日伪军没敢在夜间发动攻击，而是潜伏在附近。

第二天拂晓，部队收拾齐整准备渡河。第一师师长关书范命令会泅水的师部参谋金世峰带领8名女同志先行渡河。他们走到河边时，发现洪水已吞没了原先的渡口。紧急之下，金参谋先下河试探水深，他让冷云等人跟随其后。可当她们正要下河时，突然枪声大作，潜伏的日伪军发动了攻击。由于应对仓促，队伍处在开阔的河滩上，地形极其不利，只能边还击边向西边的柞木岗的密林地带退却。而冷云等8名女战士却被隔在了河边。

紧急关头，冷云果断将8人分成三组，隐蔽在柳树丛中。当她发现敌人还在尾追向西撤退的第一师时，便毅然下令开枪，将敌人吸引过来，掩护部队撤退。敌人见背后受击，迅速停止追击，调转枪口向河边扑来。冷云毫不畏惧地带领7名女战士奋力阻击日寇。大部队趁机立即突围，却发现8名女战士还在敌人包围之中，迅速向敌人发起反冲锋。然而，由于敌人占据有利制高点，兵力和火力都是我方的数倍，几次反冲锋都没能成功，人员伤亡加重。这一幕被陷于绝境的8名女战士看得一清二楚。冷云意识到如果部队恋战下去，就有全军覆灭的危险。于是，她带领女战士们大声喊道："同志们，不要管我们，快冲出去！保住手中枪，抗日到底！"可部队还未停止冲锋，这时她们便毅然决定渡江。这样既能牵制敌人的火力，又可以促使营救自己的同志放弃营救而突围出去。

眼看着河对岸也被日伪军迅速占领，冷云指挥 7 位女战士仍然坚持作战，直至弹尽。此时她们心中早已决断，宁肯死在河中也绝不做俘虏！随着枪炮声的不断迫近，冷云带领战友们相互搀扶着一起投入了滚滚的乌斯浑河，壮烈殉国！

八位女战士用投江的英雄壮举成功地掩护了主力部队的转移和突围。东北抗联第二路军总指挥周保中在得知"八女投江"的英雄事迹后，随即愤然写下了："乌斯浑河畔牡丹江岸将来应有烈女标芳。"《中华女儿》这部电影就是以"八女投江"的故事为原型改编的，人民没有忘记她们。革命不分男女，巾帼不让须眉，八位铿锵玫瑰所表现出的大无畏的革命英雄主义精神一直深深地感染和激励着全体中华儿女。

永 恒 丰 碑

当日寇占领东北大地时，冷云只是莘莘学子中一名慷慨激昂的爱国青年；当日寇疯狂围剿东北抗联时，冷云已是抗联队伍里一位英勇善战的共产党人。从读书求学到参加抗联，冷云的角色在变，不变的是她始终如一的家国情怀；从"完婚"到"逃婚"，冷云的任务在变，不变的是她坚定不移的革命信仰。为了救国救民，她义无反顾，勇往直前。最后为了掩护大部队突围，她率领 7 名女战士顽强阻击日寇，弹尽援绝后毅然投入滚滚江水，为国捐躯，在白山黑水间谱写了一首惊天地、泣鬼神的壮丽诗篇，展现了中华民族同敌人血战到底的英雄气概、宁死不屈的民族气节和共产党人视死如归的革命英雄主义精神。从冷云身上，我们看到了一个巾帼不让须眉的惊世骇俗的民族女英雄形象。冷云的英雄业绩生动地诠释了伟大的东北抗联精神，将永远激励着中华儿女为实现民族的伟大复兴而不懈奋斗。2009 年 4 月，以冷云为代表的"八女投江"英雄群体被评选为"100位为新中国成立作出突出贡献的英雄模范人物"之一。

英雄儿女

马本斋：
全民族抗战的光辉典范

1902 年，马本斋出生于河北省献县一个贫苦的回民家庭，生活艰苦。马本斋从小就帮助父母干活，善良耐心的母亲白文冠常常会给他讲苏武牧羊、岳母刺字的故事，从此在他幼小的心田里埋下了英雄的种子。马本斋幼年时，尽管生活困难，父母还是把他送到村里的学堂读书。在学堂，马本斋不仅聪明用功，还能时常提出自己的一些独到见解。一次考试的时候，马本斋就将《增广贤文》中的"贫穷自在，富贵多忧"改成了"富贵自在，贫穷多忧"。他说："穷回回们吃不饱穿不暖，而哈老板那些人却每天大鱼大肉好不自在，这不是贫穷多忧，富贵自在吗？"他的回答令先生哑口无言。

1918 年，马本斋所在的东辛庄遭遇了一场天灾，马本斋跟随父亲外出谋生。一路上他们卖过馃子，贩过马，吃了许多苦头，也目睹了穷苦百姓被地主富豪压榨剥削的凄惨遭遇。但也正是这些经历开阔了他的视野，磨砺了他的坚强意志，更坚定了他要解放穷苦大众的伟大志向。1921 年，胸怀壮志的马本斋在好友刘沛然的介绍下加入了张宗昌的部队。入伍以后他积极上进，表现突出，不仅提拔迅速，后来还被保送到了东北讲武堂。1924 年，马本斋以优异成绩从讲武堂毕业后回到原来的部队，不久便参加了第二次"直奉战争"。在战斗中，马本斋作战勇猛，战术巧妙，被任命为管理后勤运输的"杠子营"营长。1928 年春，马本斋率"杠子营"随刘珍年部队开赴胶东，立下战功，被提升为团长。连年的军阀混战，使马本斋渐渐对自己所加入的队伍感到失望，自己想要解放穷苦大众的志向并没有实现，满腔的愤慨无处抒发。1931 年，日本关东军发动九一八事变，侵占了东北全境。在国家危难之际，东北军却执行蒋介石不抵抗政策。马本斋怒不可遏，他屡次请求前往东北抗日却遭上级的训斥回绝，不久被免去团长一职，改任烟威汽车路局局长，后虽官复原职，但此时的马本斋早已心灰意冷，毅然辞官回乡并赋诗一首："风云多变山河愁，雁叫霜天又一秋。男儿空有凌云志，不尽沧江付东流。"

1937 年 7 月 7 日，卢沟桥事变爆发。日寇很快入侵了马本斋的家乡，他的大哥和众多村民被残忍杀害。国恨家仇面前，马本斋下定决心要建立起一支能保护人民的队伍。无独有偶，在和村小学教师高志轩（中共党员）的交往中，他学习和接受了中国共产党的大量理论成果，更加坚定了他对抗战胜利的信心。与此同时，村民们的抗战情绪也空前高涨。

在大家的期盼下，1937 年 8 月 30 日，马本斋和 70 多位村民在东辛庄的清真寺成立了回民抗日义勇队，奋起抵抗日本侵略者。通过对现实的观察，马本斋认识到，只有中国共产党、八路军才是真正领导人民抗日救国的。1938 年 4 月，他率部参加八路军，并被改编为冀中军区回民教导总队。在中国共产党的帮助下，回民教导总队逐渐壮大起来，很快成为当地一支重要的抗日武装力量。在党组织的教育下和抗战烽火的考验中，马本斋越发感受到中国共产党的光荣使命和中国共产党人的崇高品质，终于明白这就是他想要实现的伟大事业的归宿！他在入党申请书中写道："我甘心情愿把我的一切献给伟大的中国共产党，献给为回族解放和整个中华民族的解放而奋斗的伟业！"1938 年 10 月，马本斋光荣地加入了中国共产党。1939 年，回民教导总队改编为八路军第三纵队回民支队，马本斋任司令员。

1940 年，日寇对冀中抗日根据地进行疯狂扫荡，采用"铁壁合围""梳篦扫荡"等战术，大批屠杀人民群众。为了打击日寇的嚣张气焰，马本斋决心以康庄为中心发起攻击，打破日寇的"梳篦扫荡"战术。为了打赢这场战役，马本斋进行了充分的布置和准备，他和战士们广泛动员人民群众，深入康庄附近的大小村庄，依靠村民，掩护部队的行踪。同时，他通过村民大量获取敌人的动态消息和有效情报，并亲自对设伏点进行周密的侦查。经过半个月的准备，战斗条件已然成熟。1940 年 5 月 30 日，回民支队的一个小队集中火力佯攻安家村据点，队员在监听到安家村据点的日寇向衡水据点的日寇求援后，便切断了两地电话线，断绝了两地日寇的联络，衡水据点的日寇立即赶往安家村。此时回民支队的主力早已设伏在安家村与衡水之间的康庄，等待日寇全部进入部队伏击圈后，战斗打响了！等候多时的回民支队火力全开，向敌人发起猛烈进攻，日军仓皇之下四处躲避，慌忙窜入路旁两米多深的壕沟之中，谁曾想那是马本斋早已为他们安排好的"掩藏地"，他在布置伏击时特意把壕沟多挖深了一米，一切都在马本斋的预料之中。由于壕沟太深，敌人根本无法做出回击。此时，马本斋命令队员们将拉响的手榴弹狠狠地往壕沟里扔。在一番猛烈的进攻下，日寇死伤惨重。这场战斗只持续40多分钟便结束了，共击毙敌军100余人，缴获了大量武器弹药和军用物资，最重要的是回民支队无一伤亡，创造了我军在平原作战无一伤亡的奇迹。在这场经典战役之后，马本斋又带领回民支队相继取得了数十次大大小小的胜利，得到冀中军区的表彰，被誉为"无攻不克，无坚不摧，打不垮、

拖不烂的铁军"。毛泽东也给予了高度评价，称他们是"百战百胜的回民支队"。

正是由于马本斋的灵活指挥和回民支队的骁勇善战，利用自身优势不断对敌后日军进行突袭，沉重地打击了日寇。日军联队长山本甚至下令："百人以下的队伍，不准随意走出据点大门。"但山本不甘心吃亏，听闻马本斋是出了名的大孝子，便企图抓走他的母亲白文冠，来要挟他就范。1941年8月27日，大批日寇包围了东辛庄。为了保护村民免遭敌人杀害，马母挺身而出，被日军带走。山本使用各种手段威逼利诱马母给马本斋写劝降信。马母深知这是敌人的诡计，她正义凛然道："我是中国人，我儿子当八路军是我让他去的。劝降？那是妄想！"马木斋得知消息后心急如焚，那是辛勤养育他的母亲啊！部下也纷纷请缨要求前去营救马母。他强忍着内心的焦急和悲痛，制止了大家的想法。他明白这是敌人的圈套，如果贸然前去营救，只会让回民支队陷入危险境地。马本斋白天继续指挥作战，夜晚却因担心母亲无法入眠。煎熬之中的马本斋只能等待中共地下党的秘密救援，可是一切还是迟了。马母在敌人面前毫不妥协，她不能让儿子犯险救她，她要像从小给马本斋讲的故事中的英雄人物一样，给他做个榜样！因此，马母宁死不屈，绝食七天，以身殉国，时年68岁。得知母亲殉国的消息，马本斋痛不欲生，他紧握钢笔写下了他的誓言："伟大母亲，虽死犹生。儿承母志，继续斗争！"

1942年7月，回民支队奉命转战鲁西北地区。马本斋制定了各项策略计划，带领回民支队与日寇战斗数十次，沉重地打击了敌人，巩固并扩大了鲁西北根据地。连年的征战和艰苦的环境给马本斋的身体带来了极大的伤害，他的脖子后面长了一种致命毒疮，可他为了不耽误工作，硬生生地咬牙坚持。由于战事繁忙，加上缺医少药，没有得到及时有效的治疗，导致病情恶化。1944年1月，在抗日战争临近胜利之际，马本斋的病情已经恶化到无法挽回的地步。一天，他从昏迷中醒来，妻子带着孩子们来看望他，他轻轻拉着儿子的手问道："爸爸那天教给你的两个字都会写了吗？"儿子点点头，拿起放在床边的纸和笔，歪歪扭扭地写下了"中国"两个字。马本斋满意地微笑道："孩子，记住，咱们的祖国叫中国，你长大后，要爱中国，要像孝敬父母一样孝敬我们的祖国……"

1944年2月7日黎明，马本斋在冀鲁豫军区后方医院不幸逝世，时年42岁。他将自己的一生都奉献给了深爱的祖国和人民，为中华各民族团结抗日树立了光辉典范。

永 恒 丰 碑

马本斋是少数民族同胞投身革命、抗日救国、骁勇善战的杰出代表。80多年前，马本斋带领回民支队与穷凶极恶的日寇顽强斗争，造就了一支"百战百胜的回民支队"。他英勇无畏，足智多谋，善出奇兵，沉重地打击了日寇的嚣张气焰，为民族独立和解放建立了不朽的功勋。他具有高度自觉的爱国情怀，深明大义、顾全大局的思想境界，一心为民、矢志报国的使命担当，坚持真理、坚定信念的政治品格，忠诚为党、无私奉献的崇高品质，顽强拼搏、艰苦奋斗的工作作风，鞠躬尽瘁、死而后已的高风亮节。马本斋精神传承了中华优秀文化传统，并赋予了特定的时代内涵，是伟大的民族精神和抗战精神的重要载体。马本斋身躯倒下了，但他的精神丰碑永远矗立在后人的心中。新时代的中华儿女当扛起民族大团结的旗帜，汇聚起实现中华民族伟大复兴的中国梦的强大合力，接续奋斗，勇往直前！2009年4月，他被评选为"100位为新中国成立作出突出贡献的英雄模范人物"之一。

英雄儿女

彭雪枫：

南征北战，血沃中华

彭雪枫，原名彭修道，1907年9月9日出生在河南省镇平县的一个普通农民家庭。1925年，彭雪枫参加了五卅运动，在这场运动中他表现出过人的组织能力和坚定的革命信念，被大家一致选为北京育德中学学生自治会会长，随后加入了中国共产主义青年团。1926年转入北京汇文中学并成为一名光荣的中国共产党党员。1927年春，彭雪枫参加发动北京南苑农民暴动。为了明志，1928年秋，他把自己的名字改为"雪枫"，寓意像雪压的枫叶一样越压越红。

1930 年初到上海中共中央军委工作。1931 年底在中央革命根据地任红三军团二师政委。1932 年 8 月，蒋介石发动第四次大"围剿"，妄图一举歼灭红军主力。在敌人的分割包围下，红二师各团之间失去联系，师长郭炳生企图挟该师五团叛变投敌。彭雪枫临危不乱，立即带上几名战士顶烈日、冒酷暑，潜行北上追赶五天，将五团全员带回师部，挽救了这支革命队伍。中央军委向他颁发了红军荣誉奖章——"红星奖章"。

1934 年，彭雪枫先后担任红军大学政治委员和中央军委第 1 局局长，同年 10 月参加长征。在漫漫长征路上，彭雪枫担任军委第一野战纵队一梯队队长、红三军团五师师长（后缩编为第十三团），英勇善战，屡建奇功。1935 年 2 月，在国家危亡的紧要关头，党中央下达了"回师东进，再渡赤水，重占遵义"的命令，决心甩开国民党的围追堵截，北上抗日。在毛泽东的亲自指挥下，彭德怀直接向十三团下达了攻打娄山关、占领点金山的任务。接受任务后，彭雪枫立即带领部队向娄山关疾进。深冬拂晓，迎着寒风，彭雪枫带领部队急行 30 里赶到娄山关，发现娄山关已被国民党军王家烈部占领。紧急时刻，彭雪枫冷静观察地形，决定采用声东击西的战术，由政委带二营、三营作为主力部队迂回到敌人侧右背，全力开火佯攻敌军。他自己则带领一营和侦察连暗中绕道，借机端掉附近的点金山制高点，这样便可以通过占领制高点观察整个娄山关战况，达到随时支援主力部队的目的。这时，正在全力佯攻娄山关的主力部队与敌人愈战愈烈，达到了白热化程度。而处于制高点位置的点金山却毫无动静。彭雪枫见情势不对，当即改变策略，命令侦察员赶到山的另一头侦察敌情，没承想竟在这里发现了敌指挥官。彭雪枫得知消息后，便将队伍里四位枪法最好的战士调过来，瞄准敌指挥官。随着一阵整齐的枪响，敌军官应声倒下，敌营顿时大乱。主力部队趁此机会再次发动强攻，一举攻占了娄山关。战士们越战越勇，在彭雪枫的亲自率领下，大家乘胜追击，一鼓作气向山下冲去，将点金山残余之敌消灭殆尽。夕阳西下，红如烈火，当胜利的消息传来时，毛泽东诗兴大发，情不自禁地作词一首——《忆秦娥·娄山关》，高度赞扬了红军将士英勇无畏的战斗风采。此后，彭雪枫带领部队在第二次占领遵义城、巧渡金沙江、强渡大渡河等战役中充分展现了自己的军事才能，得到毛泽东等中央领导人的赞赏。

1936年10月，彭雪枫受中共中央委托到山西太原与阎锡山商谈合作抗日。在彭雪枫有理有节、机智灵活的斡旋下，阎锡山最终同意与中共合作抗日。抗日战争全面爆发后，彭雪枫改任八路军总部参谋处少将处长兼八路军驻晋办事处主任，同时兼任中共中央北方局联络局书记，在晋、冀、鲁、察创建抗日根据地，开展游击战争，壮大抗日武装。

1938年初，彭雪枫又带领原办事处骨干赴河南确山县竹沟镇，参加筹划中原敌后抗日的工作。在这里，他参照延安抗日军政大学的模式培养抗日军政干部，开办了军政教导大队，亲自为各地爱国青年授课，讲授游击战争的战略战术，并勉励他们将来要积极投身抗日斗争，为民族独立和人民解放事业英勇奋战。彭雪枫以卓越的指挥才能和军事理论家的勇气研究分析中原地区如何开展游击战。彭雪枫从实地考察出发，结合自身丰富的理论知识与实战经验得出"平原游击周旋容易，运动便利，给养也易于筹措。至于隐蔽，在有的时候、有的地方，还要较之山地周到些。"同时他还提出要紧密联系群众、爱护群众、深入群众和带领群众，发动群众"坚壁清野""侦察警戒""封锁消息"，增强群众"人人做战士，个个是英雄"的信念，团结一切可以团结的力量，形成"草木皆兵""军民一家亲""军民融合"以及"军藏于民，民便是军"的局面，使敌人摸不着头脑，失去人心。

1938 年 9 月，彭雪枫将 300 余位原竹沟留守处的干部战士集合起来组建了一支新四军游击支队。鉴于组建之初游击支队军事力量和武器装备极为薄弱的实际情况，彭雪枫决定在战斗中扩大和整顿部队。他选择前往当时敌伪顽势力犬牙交错、局面异常混乱的豫东，一部分主力转入整训，另一部分主力分散游击，时常在运河、黄泛区一线用游击战骚扰日军，在运动中削弱敌人的力量，同时开展地方工作，壮大地方队伍。

1939 年春，新四军游击支队司令部进驻涡河以北新兴集时，彭雪枫身体力行，带领军民同心协力，挖通了一条数十里长的排水渠，使这一带由十年九涝变为年年丰收。他经常利用战斗间隙，带领指战员帮助驻地群众播种收割，兴修水利。人民群众勒石立碑，表达对他的崇敬和爱戴之情。随着各项工作的展开，以新兴集为中心的豫皖苏抗日根据地得到了巩固和快速发展，军民抗日热情日益高涨。

1941 年"皖南事变"后，彭雪枫任新四军第四师师长。他与政治委员邓子恢等领导军民同日伪军及国民党顽固派军队进行艰苦卓绝的斗争，巩固和发展了淮北抗日根据地。

1942 年的洪泽湖沙山集一战，由彭雪枫一手组建的被称为"红色哥萨克"的骑兵团一战扬名。面对日军坚固的阵型，骑兵团战士挥舞着彭雪枫亲自设计制作的"雪枫刀"，悍不畏死地向敌阵发起冲锋，在 9 分钟的时间内砍倒 300 多名日军，剩余的数十名日军因恐惧而束手就擒。

1943 年春，国民党顽固派王仲廉、韩德勤部不顾全国抗战的大好局势，一次又一次掀起反共浪潮，三番五次偷袭我抗日根据地，暗杀共产党人。他们还妄图以"东西对进"和"包饺子"战术夹击并消灭我新四军第四师于洪泽湖以西地区。我军提前识破了敌人的诡计，新四军第四师主力部队在第二、第三师的有力配合下，于 3 月 17 日夜率先向国民党顽固派军队发起反击。作战部队在彭雪枫、邓子恢的统一指挥下，冒雨向据守在山子头一带的韩德勤部发起猛烈进攻，至 18 日 14 时结束战斗，歼灭韩德勤总部、独立第 6 旅、保安第 3 纵队，俘虏韩德勤部官兵 1000 余人。山子头战役成功地粉碎了国民党顽固派的阴谋。王仲廉部闻讯后迅速退却至津浦路以西地区。本着停止内战、一致对外的原则，中国共产党从民族大义出发，由新四军代理军长陈毅赶到第四师师部，代表中共中央宣布释放被俘的国民党官兵的决定。经此一役，留置苏北的国民党顽固派军队被彻底清除，为苏北方向的抗日战场创造了相对稳定的和平环境。

　　1944 年 4 月，日寇聚集 14 万军队大肆进攻河南，与此同时驻守于此的国民党 40 万大军望风披靡，使中原沦入日寇铁蹄之下。同年 8 月，彭雪枫率领新四军第四师主力西征，收复中原失地，连续取得战斗的胜利，战果颇丰。同年 9 月，第四师指挥部搬到八里庄的天主教堂。9 月 11 日

7时左右，彭雪枫和张震、吴芝圃上到两米多高的寨围子，指挥部队用山炮攻打天主教堂西南方150米处的李光明部的一个碉堡。随着"轰"的一声炮响，碉堡被摧毁，李光明部慌忙向西南突围。彭雪枫派骑兵团从西南方向把敌人包围起来，不到一个小时，敌人全部被消灭。不幸的是，彭雪枫突然被敌人的一颗流弹击中左胸，倒在了前沿指挥阵地上，最终因伤势过重，抢救无效，壮烈牺牲！年仅37岁。

1945年2月2日，7000多淮北军民将彭雪枫灵枢恭迎到洪泽湖畔的大王庄，并举行公祭，有16000多人参加了公祭活动。1945年2月7日，中共中央在延安杨家岭中央大礼堂为彭雪枫举行隆重的追悼大会。毛泽东、朱德在挽词中赞誉彭雪枫为"中华民族的英雄""共产党人的榜样"。

永 恒 丰 碑

中国共产党人的理想信念就是对党和人民伟大事业的无限忠诚。彭雪枫投身革命20年，"对党忠贞，为民赴汤"，把全部精力投入到了抗击国内外敌人以及淮北抗日根据地的建设和发展之中。他有坚定不渝的革命信仰和顽强的革命斗争意志，为了救国救民，携笔从戎、南征北战，出生入死、戎马倥偬、文武兼备、智勇双全，功垂神州、血沃中华，在中国革命的历史上谱写了可歌可泣的壮丽篇章。他心系百姓民生，为人民群众做实事不遗余力，深得人民的爱戴。他坚持原则、实事求是，以身作则、廉洁奉公、爱兵如子、严于律己，善于探索、勇于创新，以光耀千秋的丰功伟绩生动地诠释了伟大的抗战精神以及中国共产党人的初心使命和责任担当。今天我们追思彭雪枫烈士，不仅是因为他的赫赫战功，还有他的一世忠贞和崇高品格。20世纪80年代后期，他被中央军委确定为我党我军33位军事家之一；2009年4月，他被评选为"100位为新中国成立作出突出贡献的英雄模范人物"之一。

04 坚守信仰，忠贞不屈

抗日战争胜利后，中国人民热切期盼着能够建立一个和平、民主的新中国，但代表着大地主、大资产阶级利益的国民党蒋介石集团，逆潮流而行，企图将中国退回到抗战前国民党一党专政的老样子。对此，中国共产党不答应，中国人民不答应。迫于民众的舆论压力，蒋介石玩起了"假和平，真内战"的把戏，三次电邀毛泽东赴重庆共商国是。

1945年8月，毛泽东不顾个人安危，亲赴重庆谈判。经过长达43天的谈判，国共双方最终签署"双十协定"。尽管国民党口头上承认和平建国的方针，但此后的举动则暴露了国民党假和平、真内战的真实面目。国民党在完成军事准备后，于1946年6月26日集结22万军队围攻鄂豫边境的中原解放区，全面内战由此爆发。面对来势汹汹的敌人，中国共产党放手发动群众，团结一切可能团结的力量，建立最广泛的人民民主统一战线，领导解放区军民积极防御，以灵活的战略战术成功地粉碎了国民党军队的全面进攻和重点进攻，指挥人民解放军进入战略决战阶段，在四个多月的时间内先后发动并取得了辽沈、淮海、平津三大战役的胜利，为中国革命在全国的胜利奠定了基础。1949年3月，中国共产党在西柏坡召开了党的七届二中全会，决定党的工作重心由农村转移到城市。毛泽东在会上向全党提出了"两个务必"的重要思想。会议结束后，毛泽东率领中共中央机关离开西柏坡，向北平进发。为了彻底地推翻国民党反动统治，毛泽东发出了"将革命进行到底"的号召。1949年4月21日，毛泽东和朱德发布向全国进军的命令，人民解放军百万雄师兵分三路强渡长江，以摧枯拉朽之势突破长江防线，于4月23日占领国民党的统治中心南京，宣告延续22年的国民党反动统治的覆灭。

在波澜壮阔的人民解放战争中，许许多多的共产党人坚守信仰，为人民翻身解放和新中国成立忠贞不屈、毅然赴死，用鲜血和生命诠释了"人间正道是沧桑"的社会进步的客观规律。

英 雄 儿 女

刘胡兰：
从容就义的少年英雄

1932 年 10 月，刘胡兰出生于山西省文水县的一个农民家庭。母亲在她 5 岁的时候就去世了，因此，刘胡兰从小就养成吃苦耐劳、独立顽强的性格。后来父亲为她找了个继母，她的继母不仅自己投身革命，还鼓励刘胡兰也投身革命。

1937 年抗日战争爆发后，中国共产党开始领导山西人民英勇抗击日本侵略者。第二年，刘胡兰的家乡文水县来了几个共产党员，他们在这里建立了一个党支部，还成立了抗日民主政府，一个叫顾永田的共产党员当了县长。这个县长是个好人，一上任就给农民减租减息，农民都高兴得不得了。刘胡兰家里的生活条件也因此好了很多。这个县长不光在县城开展抗日活动，而且还来到了乡下。

1939年7月，刘胡兰所在的村子——云周西村也成立了党支部，开始有了共产党员的身影。在共产党员的带领下，村子里很多人都投身到了抗日斗争中。后来为了加强对少年儿童的教育，文水县的抗日民主政府还在村子里办起了一所抗日小学。这时候的刘胡兰才6岁，虽然还没到上小学的年龄，却经常往学校跑，早早就开始接触共产主义教育，革命精神也在她幼小的心田里扎了根。两年以后，刘胡兰正式入学，她不但刻苦学习文化知识，而且每当老师和大人们谈论革命的时候，就在旁边认认真真地听，小小年纪就已经懂得了很多革命道理。

1942年，刚满10岁的刘胡兰加入了"抗日救国儿童团"，并成为云周西村的儿童团团长。在那段艰苦的岁月里，还是小孩子的刘胡兰就主动做起了为八路军送情报、侦察敌情、站岗放哨和掩护共产党员穿过敌人封锁线等危险工作。小小刘胡兰渐渐地成为村里乃至县里的一个重要人物。大家都很喜爱她。

1945年10月，文水县的党组织举办了一个"妇女干部培训班"，目的是培训一些有进步思想的女性从事革命工作。13岁的刘胡兰被推荐去参加培训，并被选为小组长。"培训班"的学习很紧张，生活也很艰苦，但是刘胡兰却十分懂事，不仅认认真真地学习，而且还十分注重团结同学，展现出了突出的组织能力。"培训班"结束后，她回到村里担任了"妇女救国会"的秘书，她充分利用在"培训班"学到的知识，发展村子里的妇女运动，比如鼓励妇女读书，提高文化水平；组织妇女做衣服、鞋袜支援前线，照顾伤病员等等。在她的组织下，妇女工作有条不紊地开展起来。刘胡兰也受到了大家的夸奖和尊重。

由于她的出色表现，次年5月，14岁的刘胡兰被调到第五区"抗联"，担任妇女干事，仅仅工作了一个月就获得了大家的认可。这时候，第五区区委会开始考虑让刘胡兰入党。由于年龄的原因，区委会决定先把她吸收为预备党员，等她年满18岁后再转为正式党员。

入党后的刘胡兰更加积极主动地工作。根据党组织的安排，她回到云周西村，负责本村的土地改革运动。她根据自己的工作经验和学习成果，深入贫苦百姓之间，带领他们同地主、恶霸作斗争，把地主恶霸的土地财产都分给穷人。在她的组织下，村里的土改工作进行得井井有条，刘胡兰也渐渐成为人们心目中的小革命家。

1946年6月底，抗日战争胜利后不久，国民党蒋介石又挑起了内战，中华大地再次陷入战火之中。此时，文水县的形势也变得非常严峻。为了保存有生力量，更有效地打击国民党反动派，县委根据党中央部署，决定只留下少数武工队与敌人斗争，其他人则转移上山。往日热闹的云周西村变得寂静无声，街上也变得空空荡荡。

身为共产党员的刘胡兰主动请求留下来做敌后工作，在她的坚持下，上级批准了她的请求。当敌军进犯云周西村时，村长石佩怀贪生怕死，很快就做了叛徒。他不但给敌军送粮送钱，还将共产党的行踪透漏给敌军。为此，村民们对他恨之入骨。为了防止他泄露更多党的机密，刘胡兰当机立断，在12月的一天，配合武工队把他处死了。村民们大呼痛快。可是刘胡兰却被敌军给盯上了，他们决定为石佩怀报仇，来震慑村民。

1947年1月8日，敌军突然袭击了云周西村。他们抓获了几名知情人，其中一个叫石五则的人很快叛变，供出了刘胡兰的下落。1月11日晚上，隐匿在山上的党组织知道了村子里发生的事情，就再次催促刘胡兰上山。

刘胡兰接到消息后准备转移。可是第二天的拂晓时分，刘胡兰还没出村，敌人就已经把云周西村围得密不透风。为了乡亲们的安全，刘胡兰大大方方地来到了观音庙前，勇敢地面对着敌人。

敌人问刘胡兰："你是不是共产党员？"刘胡兰毫不掩饰，坚定回答道："是！"敌人再问："你为什么要参加共产党？"刘胡兰马上大声说道："共产党是为老百姓做事的！"敌人又问："今后你是否还要给共产党办事？"刘胡兰轻蔑地看了敌人一眼，更加坚定地说道："只要有一口气活着，就要为人民干到底！"接着，敌人又问刘胡兰："你们村中还有谁是共产党员？"刘胡兰当然不可能供出其他人，她就回答道："这里只有我一个共产党员。"敌人没有从刘胡兰嘴里得到他们想要的东西，就开始用死亡威胁刘胡兰，没想到刘胡兰竟然毫无惧色地说道："死了没关系，再过十几年我又是这么大！"

敌人见刘胡兰如此的坚定执着，就起了杀心。他们先把地下党员石三槐等六个人用乱棍打倒，然后一个个用大铡刀铡死！每铡死一个就向刘胡兰说道："你怕不怕？你说出共产党员来，就不杀你。"刘胡兰看着昔日的战友一个个倒在血泊里，心中十分悲痛，可是却一点也不害怕，她勇敢地回答道："我死也没说的。"敌人见她不怕死亡威胁，就开始利诱，说道："你说出其他人，就给你家里一份地。"刘胡兰听后轻蔑地回答说："你给我抬一个金人来，我也不说！"丧心病狂的敌人杀害石三槐等六人后，铡刀的刀刃都卷了起来，烈士的鲜血浸透了铡刀下的泥土，场面十分血腥和残酷。敌人企图用这种场面来震慑群众，逼刘胡兰屈服。可是刘胡兰已经抱着必死的决心，她不但没有害怕，反而还怒声问道："我咋死？"敌人答道："一个样！"说完就让人去拉刘胡兰到铡刀前。

刘胡兰猛地一甩胳膊，挣脱了敌人的拉扯，呵斥道："我自己走！"

说罢，她就大步走向铡刀。站在铡刀面前，刘胡兰仍然没有一点害怕的表情，她看了一眼周围的乡亲们，又回头望了一眼在人群中的母亲和妹妹，而后毅然扑在铡刀上。刘胡兰的英勇无畏使叛徒石五则十分心虚和害怕，他抓了一把稻草盖在刘胡兰的脸上。刘胡兰却一把扯掉，冷漠而轻蔑地看了他一眼。随后，无情的铡刀落了下来，铡刀下的泥土再次被鲜血浸透，刘胡兰美好的生命永远停留在了15岁。这一天是腊月二十三日，再过几天就是农历新年。

刘胡兰被杀害的消息传出后，广大军民都愤怒了。许多在附近战斗的解放军部队都纷纷派人前来悼念刘胡兰，他们把刘胡兰等烈士用鲜血染红的泥土装进自己的口袋，立誓要为刘胡兰报仇。不久后，有解放军部队高呼着"为刘胡兰报仇"的口号，一举攻陷文水县城，将杀害刘胡兰等烈士的敌二一五团彻底歼灭！

1947年3月26日，毛泽东知道了刘胡兰英勇就义的事迹，深受感动，挥笔写下了"生的伟大，死的光荣"八个刚劲有力的大字。1957年1月9日，在刘胡兰牺牲10周年后，为了进一步弘扬刘胡兰精神，毛泽东再次为刘胡兰亲笔题写了"生的伟大，死的光荣"八个奔放遒劲的大字。

1947年8月1日，中共晋绥分局破格追认刘胡兰为中国共产党党员。之后她的英雄事迹被改编为话剧，在全国各地纷纷上演，极大地鼓舞了全国人民的斗志。为了传承她的革命精神，她的家乡云周西村改名为刘胡兰村，并先后修建了刘胡兰烈士陵园和刘胡兰纪念馆。半个多世纪以来，全国各地千千万万的人们前来参观瞻仰，缅怀烈士的英雄业绩，学习烈士的革命精神，思索和书写自己无悔的人生篇章。

永 恒 丰 碑

对现在十四五岁的女孩子来说，除了有一定的学业压力和青春期烦恼外，无须面对人生的重大考验。可是，对70多年前的山西省文水县云周西村的15岁女孩刘胡兰来说，却面临着一次生死抉择。这位尚处青涩年华的共产党员为了保守党的秘密和保护人民群众的生命安全，在国民党反动派的铡刀面前，大义凛然，毅然赴死，为人民的解放事业献出了宝贵生命。是一种什么力量支撑着刘胡兰宁死不屈的选择？是她坚守的信仰。她曾亲自负责家乡的土改工作，看到共产党给穷乡亲生活带来的实实在在的变化。"共产党为穷人办事"，这是她对党的信仰和宗旨最直接的理解，也是她以命相搏的强大精神动力。今天我们要学习和弘扬刘胡兰"坚定信念，不屈不挠，敢于担当，勇于奉献"的崇高精神，以饱满的激情投身到新时代奋斗者的洪流中去。2009年4月，刘胡兰被评选为"100位为新中国成立作出突出贡献的英雄模范人物"之一。

英雄儿女

李白：

穿破黎明前的黑暗

李白，原名李华初，1910年5月出生于湖南省浏阳县（今浏阳市）张家坊板溪村（今白石村）的一户贫苦农民家庭。因家境穷困，李白8岁才入学。12岁那年，母亲意外去世，他也因此辍学。为了减轻父亲的负担，他上山砍柴和照顾弟妹，不久又只身到一家名为"乾源裕"的染布坊当学徒补贴家用。他出师以后，离开染布坊，跟随父亲外出打工。在外出谋生的这段日子里，他深深体会到劳动人民生活的艰难和痛苦，强烈感受到社会的种种不公和不平等。

　　1925 年，大革命的浪潮蔓延至李白的家乡，当地的工农运动风起云涌，农民协会、妇女协会、儿童团、手工业工会等组织纷纷建立起来。李白的父亲积极参加当地的纸业工会活动，他自己也深受鼓舞，成为当地农民协会和儿童团最早的成员之一。在革命发展的过程中，李白和父亲表现出色，很快成为当地工农运动的骨干分子。15 岁这年，李白毅然加入了中国共产党。从此，他的人生有了明确而坚定的方向。

　　1927 年 5 月 21 日，国民党反动派许克祥在湖南长沙发动了"马日事变"。反动派极其残忍，他们收缴工人纠察队武装，捕杀共产党员和革命群众，整个长沙笼罩在一片白色恐怖之中。当时有一支由纸业工人为主体的中共地下游击队，他们昼伏夜出，对敌人的进攻进行强有力的反击，李白就是其中的一员。鉴于李白在游击队里的英勇表现，游击队派他担任当地少年先锋队队长。同年 7 月，在上级党组织的指挥下，李白率领当地少先队员们放火烧掉了国民党国防局的一个团部。从此，他成了当地赫赫有名的少年英雄。两个月后，李白义无反顾地参加了毛泽东领导的湘赣边秋收起义。

　　1930 年，李白加入中国工农红军，开始了崭新的战斗生活，后跟随部队征战赣南、闽西。在此之前，他的人生与"无线电"没有任何关联。直到 1931 年 6 月，他被部队选送到中央军委无线电学校（西安电子科技大学前身），参加第二期无线电学习班，接受了严格正规的无线电课程的学习培训。从此以后，李白的一生和无线电通信事业结下了不解之缘。李白从无线电培训班毕业后，被迅速派往五军团担任无线电队政委。三年后，也就是 1934 年 10 月，李白跟随中央红军踏上了漫漫长征路。在两万五千里长征途中，他向全体无线电队员们发出了"电台重于生命"的号召。而李白自己则更是以身作则，用实际行动践行自己的诺言，这也是他一生的座右铭。1936 年 10 月红军长征胜利到达陕北之后，李白被任命为红四军无线电台台长。

抗日战争全面爆发后，李白奉命赴上海从事党的秘密电台工作。1937 年 10 月 10 日，李白化名李霞抵达上海，并于次年初春顺利完成了电台的建台工作。在当时，电台收发报会有灯光和电键的声音，功率较大的收发报机甚至会导致附近居民的电灯忽明忽暗。为了减轻对周边的影响，避免被敌人发现，李白在地下党员涂作潮的帮助下，对电台进行了改造，将电台的用电负荷从 75 瓦降低到 35 瓦，发出的电波极其微弱。上海与延安相隔 1500 多公里，这么微弱的电波传到延安时已接近消失。经过反复琢磨、试验，终于摸索出时间、波长、天线三者间既相互联系又相互制约的规律，选择在夜深人静的零点至四点之间发报。李白还把 25 瓦的灯泡改成 5 瓦的灯泡，并在灯泡外面蒙一块黑布，再取一小纸片贴在电键接触点上，这样就能避免光线透出窗外和声音外扬。李白的这部电台主要负责传达中共中央下发的指示，汇报党在上海领导人民群众进行抗日救国运动和地方党组织的情况，以及潘汉年领导的中共情报系统所收集到的情报。从此，在上海与延安之间架起了一座无形而坚固的"空中桥梁"。

为了应对万分险恶的环境，电台领导龚饮冰决定安排一位女同志假扮李白的妻子，掩护李白进行接下来的秘密通信工作。1939 年，青年女工、共产党员裘慧英接受了党组织下达的这个革命任务。不久，这对"夫妻"搬到蒲石路蒲石村十八号底楼的一个房间里，在一起并肩战斗和生活。在此期间，裘慧英不仅做警戒工作，还主动关心李白的日常生活。经过一年多的共同战斗和朝夕相处的生活，两人产生了纯真的革命爱情。1940 年经上级党组织批准，两人正式结为革命伴侣。在两人的共同守护下，许多重要情报都是通过这部电台源源不断地发往延安。

太平洋战争爆发后，日寇进占上海"租界"，疯狂镇压中国人民的抗日斗争，秘密电台的处境更为艰难。尽管李白把电台的功率降低到 15 瓦，还是被日本宪兵队侦测出来。1942 年 9 月，李白和裘慧英遭日寇抓捕关押。在狱中，敌人用老虎凳、拔指甲、电击等野蛮酷刑威逼李白说出电台来历和组织关系。但他坚称自己的电台是为了听取商业行情的"私人商业电台"，在酷刑面前严守了党的秘密。由于敌人没有找到确凿的证据，一个月后，裘慧英被释放，李白则被转到 76 号汪伪特工总部。后经党组织营救，被折磨得满身伤病的李白获得释放。原来，李白利用自己钻研的无线电技术，将收报机巧妙地隐藏在收音机的外壳里，这样的伪装连日军无线电专家都无法甄别出来。经过监狱酷刑的折磨，李白的身体十分虚弱，但他的战斗意志丝毫没有削弱。他对妻子说："敌人打断了我的筋骨，但是没有摧残我的意志。想到敌人对千千万万中国人民的残暴，我更感到自己身上的工作责任。"

1944 年秋，抗日战争进行到了大反攻的前夜，革命形势错综复杂，情报工作也到了一个关键时刻。此时，党组织安排李白打入国民党国际问题研究所做报务员。李白借此利用国民党的电台为党开展情报工作。随后，李白化名李静安与裘慧英往返于浙江和江西等地，用公开的电台为我党秘密传送了大量有价值的情报。

抗日战争胜利后，李白和裘慧英返回上海继续从事党的秘密电台工作。1948 年，人民解放战争进入战略决战阶段，李白的工作更加繁重，处境也愈发险恶。此时的国民党反动派用尽各种手段搜查中共秘密电台。同年 12 月 30 日凌晨，李白正在向西柏坡发送一份国民党的长江布防情报。国民党特务包围了李白住所周围的居民区，在侦测中发现了李白正在进

行的秘密工作。李白让裘慧英带着儿子出去躲藏，自己镇定地坚持将电报发完，紧接着立即销毁电报稿件和电报密码，拆散发报机。就是在这样十分危急的时刻，李白发出了最后一封极其重要的绝密电报。正是这封电报在人民解放军渡江战役中，为成功突破国民党长江防线起到了极为重要的作用。但是在国民党特务的搜查下，尚有余温的收音机零件被搜查出来。面对国民党特务的质问，李白镇定应对。在狱中，李白遭受了长达30多个小时的审讯和36种酷刑的折磨。敌人用钳子拔掉李白的指甲，把尖尖的竹签插入他的指缝；往老虎凳上不停地加砖块；用烧得冒火星的木炭贴在他的皮肤上烫下烙印……每次痛昏过去，李白都会被一盆盆冷水泼醒。面对高官厚禄的诱惑和严刑逼供，李白仍然坚不吐实，誓死不屈，没有吐露任何党的秘密。

1949 年 4 月，李白被秘密转押到南市警察局蓬莱路看守所。自知难以幸免的他通过一个出狱的难友告诉妻子，看守所后面有一个老百姓家的阳台，在那里可以隔窗相见。于是，裘慧英抱着儿子来看望李白。当时李白双腿已被老虎凳压断，是在两个难友的托扶下爬上窗口和妻儿见面。5 月 7 日，裘慧英又带着儿子来看望李白。李白对妻子说："事到如今，个人的安危，不必太重视。天快亮了，我无论生死，总是觉得愉快和欣慰的。"儿子张开双手想让爸爸抱抱。李白却只能用爱抚的眼光看着儿子说："乖孩子，爸爸以后会来抱你的。"可谁能想到，这竟然是他们见的最后一面。就在这天深夜，李白被国民党特务秘密杀害，年仅 39 岁。这一天，距离上海解放仅有 20 天。

永恒丰碑

李白烈士是中国共产党隐蔽战线杰出的英烈代表。在血雨腥风的峥嵘岁月，他在上海长期从事党的秘密电台工作。在 12 年的潜伏生涯里，每一天他都是在刀锋剑刃上艰难行走，每一晚他都如期发出一道道红色电波。他是党和人民事业的"千里眼""顺风耳"，在特殊战场上，用电报架起了通向胜利的桥梁。他是无畏的战士，服从党的命令，勇敢地战斗在敌人的心脏，在敌人的眼皮底下为党传递出一份份支撑革命胜利的秘密情报。"电台重于生命"，这是他强烈的使命担当，更是他舍生坚守的革命信念。他用最后的"嘀嗒"声穿破黎明前的黑暗，表达了自己对党和人民的绝对忠诚，成就了自己 39 岁的壮美人生，谱写了革命胜利的凯歌，敲响了蒋家王朝的丧钟。他坚守信仰，哪怕身陷囹圄，遭受酷刑，牺牲生命，也在所不惜。在永不消逝的电波里，凝结着永垂不朽的革命精神。2009 年 4 月，他被评选为"100 位为新中国成立作出突出贡献的英雄模范人物"之一。

英 雄 儿 女

陈然：
点亮黎明的曙光

　　相信看过红色经典小说《红岩》的读者，一定会对那位年轻有为的中共地下党的革命英烈成岗留下深刻的印象，而他的原型正是有着传奇人生的革命烈士陈然。陈然，原名陈崇德，1923 年 12 月出生于河北省香河县一个较为富裕的家庭。陈然出生时的中国社会是半殖民地半封建社会，西方列强在中国土地上为所欲为，山河破碎，民不聊生，中华民族苦难深重。他的父亲陈凤书在洋人控制的海关工作，对此更有切身的体会，时常在家中表露出对洋人的不满。受父亲潜移默化的影响，陈然从小就怀有强烈的爱国情感。

少年时代的陈然特别喜爱看书，时常偷看一些被禁的进步书刊，如《大众生活》《八月的乡村》等。抗日战争全面爆发后，陈然全家在湖北宜昌一带四处流落，居无定所。国家的危亡和家庭的艰难，加之受大姐陈佩琪进步思想的感染，他决心走上抗日救国的道路。1938 年夏天，年仅 15 岁的陈然积极参加鄂西抗日救亡运动，后又加入由中国共产党领导组织的"抗战剧团"孩子剧队。在中国共产党的影响下，"抗战剧团"汇集了一大批爱国救亡的文艺工作者和青年团体。他们经常在湖北宜昌一带公开演出，引起强烈反响，受到各地民众的热烈欢迎，为长江两岸播撒了无数抗日救国的革命火种。少年陈然在剧团中表现得非常积极，不管到哪里表演，他都和成年人一样白天赶路，晚上演出。不论何时，他都神采奕奕，精神饱满。他不仅在剧团中承担表演工作，还积极主动帮助剧团的生活服务队工作。他勤劳能干，无私付出，得到大家的喜爱和一致赞赏。参加抗日救亡运动，更加坚定了他救国救民的革命理想。1939 年春，在剧团党支部书记陈沫潮的介绍下，16 岁的陈然光荣地加入了中国共产党。

1940 年 4 月，国民党反动派大肆残害共产党人和革命进步人士。党组织指示宜昌抗战剧团撤出湖北，前往延安。接到通知后，剧团迅速行动，却在路途中遇到了大批难民，队伍一时被冲散。更不巧的是陈然疟疾复发，只得回到家中休养。1941 年皖南事变发生后，陈然在转移过程中与党组织暂时失去了联系，但他仍然以共产党员的标准严格要求自己，同时努力寻找党组织。在这期间，他一直和劳苦群众一起工作和生活，更加了解劳动人民的艰辛生活。期间，陈然想去革命圣地延安，但始终没有找到机会。后来，通过学习阅读《新华日报》《群众周刊》等报刊，他领会和明白了党指示的斗争方向，意识到白区工作的重要性，便毅然留在重庆，主动深入到工厂、码头，与工人群众交朋友，向他们传播革命思想。1943年，陈然进入重庆中粮公司工作。在工作中，他一有机会就向工人们宣传革命思想，和大家在一起慢慢产生了感情。后来，由于帝国主义列强在中国进行商品倾销，公司经营越来越困难，所属南岸机械厂面临倒闭的风险。为了不让工人群众失业闹事，公司派陈然去维持工厂运转。为了保证工人群众的生计，陈然不辞辛劳，到处寻找业务，工作之余还不忘对工人进行思想教育，提高他们的革命觉悟。1945年，陈然在新华日报社党组织领导下，以中粮公司机械厂代理厂长的身份为掩护，通过办读书会的形式，召集青年进行革命活动。1946年6月26日，国民党军队悍然进攻中原解放区，全面内战爆发。此时，陈然从新华日报社党组织那里得到了要做好长期斗争准备的指示，开始和蒋一苇等进步人士筹划创办《彷徨》杂志。1947年1月，杂志正式创刊，他们通过这一方式来团结和联系群众，暗中培养进步力量。

1947年2月28日，新华日报社遭到国民党反动派的无理查封，中共重庆办事处与新华日报社被迫撤往延安，重庆的民主运动顿时失去了领导中心。在这异常黑暗和艰难的情况下，陈然努力寻找重庆地方党组织，同时坚持经营《彷徨》杂志，以杂志社的名义团结了许多进步青年。就在陈然努力寻找重庆地方党组织的时候，他们突然收到来自香港新华社的一篇电讯稿，内容为西北野战军取得胜利的有关消息。在这困难重重的时刻，终于又得到了来自党组织的消息，他们无比兴奋。经过一番商量，他们决定将这一消息通过杂志播散出去。由于《彷徨》杂志是公开出版物，不方便刊登，他们决定用油印小报的方式把这些消息传播出去。消息发出后，很快传到了重庆地方党组织那里。随后，重庆地方党组织派人和他们恢复了联系。这年秋天，为了开展对敌斗争，向国民党统治区的人民宣传中国共产党的政策及胜利的消息，重庆地方党组织决定在《彷徨》杂志的基础上正式出版印发重庆地方党组织机关报——《挺进报》，并把印发报纸的重任交给了陈然。由于陈然的积极动员和辛勤工作，该报不仅在人民内部秘密传递，推动了群众性的反饥饿、反迫害斗争，而且还被寄到敌人内部，引起了敌人的极大恐慌。1947 年 12 月，陈然经过考察终于重新加入了党组织。这一路的坎坷经历，丝毫没有影响陈然要重新加入党组织的决心，即使他早已是一名合格的共产党员。1948 年 2 月，陈然担任《挺进报》特别支部的组织委员和书记，全面负责报纸的印刷工作。在印刷过程中，陈然克服了一个又一个工作困难和技术难关。为了不暴露行踪，他们用极其简陋的印刷工具进行印刷，在艰苦条件下印刷了大量报纸和资料，使党的方针政策在国统区得以广泛传播。

随着《挺进报》的影响越来越大，国民党特务开始注意到了陈然。1948 年 4 月 20 日，重庆地方党组织暗中提醒他立即撤退。可是眼看报纸最后一期即将出版，陈然不想中断，便决定印完再撤退。但由于叛徒出卖，4 月 22 日深夜，陈然在印完最后一张报纸时，被国民党特务逮捕。陈然先被押到重庆老街 32 号，后转到渣滓洞，最后被关押在白公馆看守所。国民党特务对他使用了种种酷刑，他受尽折磨，双腿受了重伤却仍然挺立不屈。敌人逼迫他交代《挺进报》的人员名单和上级组织，陈然誓死不屈、坚不吐实。陈然的坚定信念，保护了党的秘密和众多革命同志，表现出了一个共产党员高尚的革命品德。敌人无可奈何，便逼迫陈然写"自白书"，他拒不接受。但敌人不放过他，一次又一次地折磨他。他忍无可忍，愤然写下了《我的"自白书"》这一气壮山河的革命诗篇："任脚下响着沉重的铁镣，任你把皮鞭举得高高，我不需要什么"自白"，哪怕胸口对着带血的刺刀！人，不能低下高贵的头，只有怕死鬼才乞求'自由'；毒刑拷打算得了什么？死亡也无法叫我开口！对着死亡我放声大笑，魔鬼的宫殿在笑声中动摇；这就是我——一个共产党员的'自白'，高唱凯歌埋葬蒋家王朝。"

　　在狱中，陈然很快和党组织取得了联系，利用同志们给的秃笔头和废纸烟盒，以及黄显声将军秘密传给他的报纸，做出了《挺进报》狱中版，给大家传递了一条又一条我党我军振奋人心的胜利消息，使坚持狱中斗争的同志们受到了极大的鼓舞。1949年10月，陈然又通过狱中版《挺进报》传来了一条令大家都欣喜若狂的消息：新中国成立了！他和难友们按捺不住激动的心情，亲手缝制了一面五星红旗，以此来庆贺新中国

的诞生。可残酷的现实终于还是来了，1949 年 10 月 28 日，陈然和其他 10 位战友一起被押送到重庆大坪刑场，一路上他们高唱《国际歌》，高呼着"毛主席万岁！""中国共产党万岁！""中华人民共和国万岁！"的口号。到达刑场后，陈然猛地撕去了背后的"死囚"标志，大喊着"有种的，朝正面向我开枪"，刽子手强行将他背转过去，连开三枪，可陈然依旧昂扬挺立。这一幕把刽子手吓得瑟瑟发抖，不敢再开枪，只好改用机枪扫射。在一片枪声中，陈然紧握着双拳，继续高呼口号，缓缓倒下，牺牲时年仅 26 岁。

陈然的一生虽很短暂，但生得光荣，死得壮烈！他用自己的青春和生命践行了对党的庄重誓言："只要还有一口气，就要为革命斗争到底！"

永 恒 丰 碑

"对着死亡我放声大笑，魔鬼的宫殿在笑声中动摇"，这是共产党员陈然在《我的"自白书"》中写下的铿锵有力、荡气回肠的诗句。全诗体现了他对死亡的无惧、对国民党反动派的嘲讽和对无耻叛徒的蔑视，展现了他不折不饶、宁死不屈的精神风貌，充满了革命必胜的坚定信念，洋溢着革命乐观主义和浪漫主义激情，是他的革命生涯的真实写照。他对党忠诚，信仰坚定，始终以一名共产党员的标准严格要求自己，在敌人的酷刑面前，坚守党的秘密；他真诚为民，为工人群众的生计不辞辛劳。为了心心念念的新中国，陈然挥洒青春和热血，化身刑场上视死如归的钢铁战士，用激情燃烧的短暂人生点亮了黎明的曙光，唱响了埋葬蒋家王朝的凯歌！英雄陈然倒下了，但以他为代表的红岩英烈用鲜血和生命凝结成的伟大红岩精神，必将继续激励新时代广大中华儿女接力奋斗，争做担当民族复兴大任的时代新人。

05 | 捍卫信仰，赢得尊严

    1949 年 10 月 1 日下午 3 时，当义勇军进行曲响起后，毛泽东在天安门城楼上向世人宣告中华人民共和国中央人民政府成立，中国人民从此站起来了。发生在 20 世纪的这一伟大事件，彻底改变了中国近代以来 100 多年积贫积弱、受人欺凌的悲惨命运，中华民族走上了实现伟大复兴的壮阔道路。

    新中国成立后，中国共产党面临着严峻的执政考验。在军事上，人民解放战争还没有完全结束，中国人民解放军继续向西南、华南进军，扫荡残敌，大规模展开剿匪斗争，镇压反革命势力。在经济上，中国共产党接手的是一个千疮百孔的烂摊子，恢复经济发展是重中之重。为此，中国共产党没收官僚资本，建立国营经济，稳定物价，统一全国财经，并于 1950 年 6 月召开七届三中全会，毛泽东提出了取得财政经济状况根本好转的三个条件，即土地改革、合理调整工商业、大量节减国家机构经费。针对党内出现的因胜利而丧失革命意志，被资产阶级腐朽思想和生活方式所腐蚀的现象，中国共产党成立了中央及各级党的纪律检查委员会，发动群众开展了"三反""五反"运动。在国际上，明确宣布站在社会主义和世界和平民主阵营一边，先后与欧亚近 20 个国家建立外交关系，迈出了打破美国遏制和孤立新中国的重要一步。1950年 6 月朝鲜战争爆发，美国组成联合国军从"三八线"附近的仁川登陆，公然越过"三八线"向北进犯，把战火烧到中朝边境，严重威胁新中国的国家安全。面对美国的公然挑衅，中国共产党作出抗美援朝、保家卫国的决策，组建中国人民志愿军，奔赴朝鲜战场，同以美军为首的联合国军展开了生死搏斗。尽管敌我武器装备实力差距悬殊，但中国人民志愿军"钢少气多"，先后发动了五大战役，将联合国军打退到"三八线"以南，迫使侵略者在停战协定上签字，抗美援朝战争取得胜利。

    在这场力量对比悬殊的残酷战争中，无数志愿军战士奋不顾身、视死如归，谱写了惊天地、泣鬼神的英雄赞歌，以血肉之躯捍卫了信仰，为祖国赢得了尊严，他们是"最可爱的人"！

英 雄 儿 女

黄继光：
舍身堵枪眼的"钢铁战士"

　　1931年1月8日，黄继光出生在四川省中江县发财垭村一个十分贫苦的农民家庭。小时候，为了养活全家，他的父亲不得已向村里的地主借了债，年关时因为还不起债，被地主关押，终因病恨交加、无钱医治而去世。为了维持家里的生计，10岁出头的黄继光只好又到那个逼死父亲的仇人地主家做帮工。狠毒的地主不顾黄继光年纪小、个子矮，让他干很多大人干的体力活，还让他睡在牛棚里。到了结算工钱的时候，狡诈的地主又使阴招赖掉了黄继光的工钱。

在地主家做苦工非但没有挣到钱，还受地主老财的欺凌。他愤然离开地主家，靠砍柴和做香挣钱来养家。1942 年，黄继光家乡遭遇严重的旱灾，庄稼几乎绝收，一家人只得借粮度日。可他们走了许多人家，才勉强借到几块已经腐烂的红薯。母亲把可以吃的一点红薯熬成汤端到黄继光面前。从不撒谎的黄继光知道母亲一点没喝，只好挺起胸说在别人家吃过了。母亲相信了，就把那点红薯汤喝了。

苦大仇深的黄继光时常想，凭什么地主老财啥活也不干却能吃着大鱼大肉，而穷人一年到头累死累活却连米汤都喝不上。不过，尽管日子过得比黄连还苦，但倔强的黄继光从没有丧失过生活的信心，他相信在这个世界上一定会有人为穷苦大众做主和撑腰。

1949 年 10 月 1 日，中华人民共和国成立了，农民翻身做主的日子到来了。同年 11 月，黄继光家乡解放了，解放军来到了他们村。乡亲们向亲人解放军控诉地主老财对他们的压迫和剥削。解放军带领乡亲们打土豪，分田地。黄继光也毅然决然地参加农民协会和民兵队伍，勇敢地与地主老财作斗争。地主老财有的闻风丧胆，想溜之大吉；有的谎报土地，偷改佃约，想尽各种办法欺骗农会；有的隐藏枪支，伺机作乱。但他们的阴谋诡计都被黄继光和乡亲们识破。最后乡亲们都如愿分到了土地和粮食，地主老财也得到他们应有的下场，土改计划顺利完成。黄继光也成为大家心目中的英雄。

1950 年 6 月 25 日，新中国诞生不到一年，朝鲜内战爆发。美国立即武装干涉朝鲜内战，并悍然越过三八线，把战火烧到了鸭绿江边，派飞机轰炸我国辽宁丹东地区，还把第七舰队开进台湾海峡，干涉我国内政。面对美国的武装挑衅，党中央作出了抗美援朝、保家卫国的决策。中国人民志愿军雄赳赳、气昂昂跨过鸭绿江入朝作战。这一天，黄继光等了很久，现在终于能够报效祖国了。在民兵连的时候，他就经常听连长讲起董存瑞舍身炸碉堡的故事，他立志要像董存瑞一样参军报国。终于，1951 年 3 月志愿军来"发财垭"村征兵，他第一个报了名。也就是在这里，他遇到了日后和他朝夕相处的生死战友——肖登良和吴三羊。但是由于个头比较矮，他没能通过体检，可他并没有放弃。他一边动员妈妈、民兵连长和工作组替他求情，一边帮助部队运军服，大家都被他的报国热情所感动。最后，他如愿以偿地成为一名志愿军战士。临走时，母亲高兴地把一朵大红花戴到他的胸前，对他说："到了朝鲜，要多杀敌，报答祖国和人民。"从此，他远离家乡，带着母亲的嘱托和乡亲们的期待来到新兵连。

在新兵连的日子里，黄继光一边苦练杀敌本领，一边学识字、唱歌，帮助乡亲们挑水、干农活等等。最重要的是，连队还联合当地武装部开展了声势浩大的土改运动，帮助乡亲们分得了土地，赶跑了地痞恶霸，受到当地群众的拥戴。不久之后，黄继光和战友们完成新兵训练任务，正式奔赴朝鲜前线。他终于能够上战场了，终于能和美国鬼子面对面地厮杀。为国杀敌立功是他日思夜想、梦寐以求的啊！

来到朝鲜前线，部队进行了整编。黄继光和肖登良、吴三羊都被分配到连队当通信员。但是他却高兴不起来，他每天干的活就是跑跑腿、送送信，他为自己不能像别的战友一样冲到前线杀敌立功而感到苦恼。通信组长看出了他的心思，便告诉他革命工作分工不同而已，通信员的作用至关重要。黄继光豁然开朗，他趁着闲暇之时，跟着其他战友练习射击，向卫生员学习战地救护，向报务员请教如何接线，能学多少就学多少，从不偷懒。这一切都被营参谋长张广生和连长万福来看在眼里，他们决心好好培养这棵苗子。

1952 年下半年，抗美援朝战争进入相持阶段。位于朝鲜中部的五圣山历来就是兵家必争之地，谁夺得了五圣山，谁就能赢得这场战争的控制权。8 月，美军在五圣山一带的活动愈加频繁，修筑战地工事，运送武器弹药，一场恶战即将来临。黄继光身为通信员，每天除了为五圣山上的战友送信、传达命令外，还接电线、背伤员、送饭菜等，样样事情抢着干。大家都被他的行为所感动，一起向上级给他请功。上级给他记三等功一次，连队团支部批准他加入中国共产主义青年团。在入团宣誓的时候，他誓言要为共产主义事业奋斗终生。

1952 年 10 月 14 日，美军开始向五圣山上的上甘岭阵地发动猛烈进攻，上甘岭战役爆发。美军动用大量的现代化武器装备对我军阵地发起了一轮又一轮猛攻，几十万发炮弹密集地射向了上甘岭前沿阵地。一时间，上甘岭前沿阵地火光冲天，分不清是白昼还是黑夜，主峰的山头足足被削平了两米。志愿军战士顽强拼搏，视死如归，成片成片的战士倒在血泊之中，经常是阵地丢了又重新被夺了回来。在接连拿下上甘岭 6 号、5 号、4 号等三个阵地之后，黄继光所在的部队奉命在天亮前不惜一切代价拿下 0 号阵地。战斗开始时进展比较顺利，但部队在推进过程中突然发现山顶有四个地堡形成的集团火力点压制部队难以前进。连长万福来派出的 3 个爆破小组的战士全部壮烈牺牲，这时离天亮只有 40 多分钟。就在这千钧一发之际，站在营参谋长身边的黄继光主动请缨，对营参谋长说："请把这个任务交给我吧，只要我能动弹，就一定能完成任务！"经营参谋长同意，黄继光率领肖登良、吴三羊执行此次爆破任务。临行前，他将早已写好的入党申请书和母亲给他写的信分别交给了指导员和连长。黄继光向他们敬礼之后，迅速带领战友向 0 号阵地冲了上去。

在战友火力配合下，他们时而匍匐前进，时而箭一般飞奔，不顾生命危险，穿梭于枪林弹雨之中，冲向敌人的火力点。他们交替掩护爆破，很快炸掉了三个小地堡，只剩下最后一个大地堡了。这时敌人发现了他们，密集的子弹向他们射来。吴三羊当场牺牲，肖登良也身负重伤，只有黄继光拖着受伤的身体缓缓地向大地堡爬去。在靠近大地堡火力点时，黄继光奋力将最后一枚手雷投向大地堡。谁知寂静片刻后，大地堡里的机枪再一次疯狂地喷吐着火舌，战友们的冲锋又被阻止。原来这个大型地堡异常坚固，手雷只炸掉了它的一个角。黄继光焦急万分，脸上露出十分痛苦的表情，豆大的汗珠从他的额头上滚落下来。他忍受着剧痛，不顾一切地向前爬去。眼看着总攻的时刻即将到来。只见黄继光爬近大

地堡的射孔，奋不顾身地一跃而起，挺起胸膛、张开双臂扑了上去，用血肉之躯堵住了敌人正在喷射火舌的枪眼。这时冲锋的号角已经吹响，战士们一边高喊着"冲啊，为黄继光报仇！"一边像离弦的箭冲了上去，全歼敌军两个营，顺利拿下了0号阵地。黄继光虽然牺牲了，但他的英魂却永远萦绕在上甘岭上空，永远活在中朝两国人民的心中。

战后，黄继光被追认为中国共产党党员，追记特等功，追授"特级英雄"荣誉称号，并被朝鲜民主主义人民共和国追授"共和国英雄"称号和金星奖章、一级国旗勋章。1953年4月，毛泽东在中南海亲切接见了黄继光的母亲邓芳芝，表达了对英雄的敬意。如今，70年快过去了，黄继光舍身堵枪眼的英雄壮举依然被一代又一代的中华儿女传颂着。

永恒丰碑

抗美援朝战争是敌我双方力量悬殊的残酷较量，当中国共产党和中国人民把自强不屈的精神与保家卫国的目标紧密地连在一起时，立即迸发出排山倒海的强大力量，令侵略者闻风丧胆。"只要我能动弹，就一定能完成任务！"这是志愿军战士黄继光在向营首长请战时的铮铮誓言。半个多小时后，黄继光就以舍身堵枪眼的壮举奏响了一曲感天动地的革命英雄主义赞歌。正是千千万万个"黄继光"在朝鲜战场以血肉之躯为新生的共和国赢得了胜利和尊严，锻造了伟大的抗美援朝精神。跨越时空，黄继光身上所彰显出的不畏强暴、反抗强权的民族风骨，舍生忘死、向死而生的民族血性，值得新时代的奋斗者传承和弘扬。2009年9月，他被评选为"100位新中国成立以来感动中国人物"之一；2019年9月，被授予"最美奋斗者"的荣誉称号；还被中央军委批准为全军十大挂像英模之一。

英 雄 儿 女

邱少云：
岿然不动的"烈火金刚"

1926 年 7 月 12 日，邱少云出生在四川省铜梁县关溅乡（今重庆市铜梁区少云镇）玉屏村邱家沟一个极为贫苦的佃农家庭。邱少云小时候，家里只有一间破茅屋。父亲租种地主的田地养活不了全家，于是跑到安溪河拉纤。结果当牛做马地干了 3 个月，却被黑心的船老板雇凶劫了工钱，害了性命。父亲被害后，母亲拉扯邱少云三兄弟艰难度日，几年后也在贫病交加中离开了人世。那一年，邱少云才 13 岁。为了抚养两个年幼的弟弟，邱少云在地主家当过小长工，帮手艺人打过杂，给商人挑过盐巴……

什么活都干，但还是难以养活一家人。1947 年，长大成人的邱少云被一家无良的面馆老板算计，将他捆绑，作为壮丁卖给了国民党军队，在川军营里做了一名伙夫，备受军官和兵痞的欺侮。

1949 年 11 月，新中国成立不久，刘邓大军挥师大西南，川军将领刘文辉、邓锡侯率部起义。邱少云也随着起义部队光荣地加入了中国人民解放军，成了中国人民解放军 15 军 29 师 87 团的一名战士。在人民军队这座革命大熔炉里，邱少云经过严格的政治教育和正规的军事训练，完成了从旧社会一个受剥削和压迫者向新社会一个革命战士的转变。

1950 年 2 月，邱少云所在的部队奉命到四川内江地区驻扎，边休整边训练。他的训练成绩提高得很快，无论是投弹还是射击，在全连都名列前茅。6 月下旬，他所在的 87 团奉命进剿四川资阳望山寺一带的刘义匪部。这是他参加中国人民解放军后的第一仗，战斗打得异常激烈。他带病参战，奋勇当先，深入匪巢，毙伤匪徒数人，受到团党委的嘉奖。

1950 年 6 月，朝鲜内战爆发。美国立即武装干涉，悍然越过三八线，将战火烧到中朝边境的鸭绿江边，直接威胁新中国的生存和发展。俗话说"唇亡齿寒"，为了保卫祖国、支援朝鲜人民抵御侵略，中共中央决定派遣中国人民志愿军入朝作战。1950 年 10 月 19 日，志愿军隐蔽跨过鸭绿江。1951 年初，15 军奉命参加抗美援朝战争。1951 年 3 月，邱少云所在的 87 团昼夜兼程，奔赴朝鲜。

邱少云出征前，请战友代笔给家里写了一封信，信里说道："前些日子，我报名参加了中国人民志愿军，明天就要到朝鲜去打美国佬了。听我们指导员说，美国佬在朝鲜杀人放火，干尽了坏事。他们占领了我国台湾省，还想占领全中国。美国佬要是占领了我们的国家，我们就要回到旧社会去，分的房子和土地又要被地主夺去。我恨死了美国佬。到朝鲜我一定拼命打仗，不怕死，为了让所有的受苦人都像我们家过上好日子，我死了又算个啥！"就这样，他怀着必死的决心，踏出国门，走上伸张正义的战场。

1952 年初，战争态势进入相持阶段，以美军为主的联合国军伤亡惨重，他们领略到了志愿军的顽强战斗力，就开始与我方边谈边打。又过了几个月，志愿军再次粉碎了敌人的"夏季攻势"，敌人只好调整战略战术，向北进军，侵占了位于朝鲜中部山区的平康和金化之间的 391 高地。

1952 年 10 月，志愿军计划发动上甘岭战役，但是想要取得战役的胜利，就必须切断敌人的增援和补给线——康平桥。可是康平桥却在 391 高地的保护之下，因此，391 高地就成了志愿军志在必得的阵地。敌人同样知道 391 高地的重要性，因此他们在高地上建起了强大的火力点，还筑造了坚固的地堡。除此之外，志愿军更大的困难在于阵地和 391 高地之间隔着几公里的开阔地带，全在敌人炮火覆盖的范围之内。如果派大部队去攻打 391 高地，一定会付出无谓的牺牲。指战员们经过分析之后发现，要想用最小的代价夺取高地，就必须缩短攻击的距离，以出其不意的进攻让敌人措手不及。为了达到这样的作战效果，上级经过研究后制定了一个奇袭计划。在总攻发起的头一天晚上，就让主攻部队 87 团 3 营的 3 个连队秘密潜伏到敌人阵地的一侧。此时的邱少云是 87 团 3 营 9 连 1 排 3 班的一名战士，他本来可以不用参加这场潜伏战斗。因为邱少云的右大腿外侧长了一个大疖肿，严重影响了他的行动，连长就让邱少云安心养伤。可邱少云得知部队即将执行任务后，硬是让卫生员把疖肿给剜了出来！为了表明自己的决心，邱少云还写了一封请求参战的血书，并把早就写好的入党申请书也一并交给了党组织。在申请书里，他郑重地说道："为了战斗的胜利，甘愿献出自己的一切！"而他唯一的要求就是："如果在战斗中牺牲了，只希望党承认我是一名共产党员！"

1952 年 10 月 11 日这一天，3 营全体指战员经过 20 多公里的秘密行军，在晚上 10 点到达了 391 高地一侧的潜伏地点，长达 20 多个小时的潜伏任务开始了。出发之前，部队首长就反复强调了这次潜伏任务的艰巨性。由于潜伏地点离敌人的阵地很近，有时候敌人的喊叫声、说话声都能听得到，因此在潜伏的过程中，一声咳嗽或一点挪动都有可能被敌人发觉。一旦暴露，面临的就是毁灭性的打击！为了保证战士们不会因为意外发出动静，部队出发前特地发了止咳糖和用于提神的辣椒。

500 多名战士趁着夜色和敌人发射照明弹的间隙，迅速披上插满野草的伪装网，潜伏在长满蒿草的山谷里。敌人十分谨慎，每隔一会儿就会发射照明弹来查看情况，一旦有风吹草动就用机枪扫射。战士们一动不动地趴在草里，好几次化险为夷，躲过了敌人一次又一次的侦查。

预定的总攻时间是下午五点半，眼看着时间越来越近，战士们都期盼着不要发生意外。可是天不遂人愿：中午时分，从南边飞来的几架敌机在 391 高地上空盘旋，正要飞走的时候，突然有一架敌机朝山谷投下了几枚燃烧弹，其中一枚就落在离邱少云 2 米左右的草丛中。

燃烧弹爆炸后的油液溅到了邱少云的左腿上，瞬间就点燃了他身上用于伪装的枯草。邱少云见自己身上着火了，马上向潜伏在附近的班长锁德成投去了询问的目光。班长锁德成难过地咬紧了牙关，他知道，这是邱少云在问他该怎么办，可是他却毫无办法。而邱少云也明白，这个时候除非他打几个滚，或者到背后不远处的水沟里泡一下，不然身上的火是无法熄灭的。可若是那样，不光潜伏在这里的所有战友都要跟着自己牺牲，整个作战计划也会前功尽弃，进而影响整个战役。离邱少云不远处的另一个战友闻到了棉布的焦臭味，那是邱少云的棉衣被烧着了，他眼睁睁地看着邱少云陷入火海中，同样毫无办法……

　　邱少云的手深深地插入泥土中，一道道青筋暴露，他浑身颤抖着，正在忍受难以想象的巨大痛楚。他的牙咬得咯咯响，豆大的汗珠流下来，马上就被烈火烤干。无情的火焰如附骨之疽一般紧紧粘着他。邱少云知道自己很快就要牺牲了，可是心中除了"死都不能动"的信念以外，一点后悔都没有。虽然看不到战争的胜利，可他相信身边的战友一定能打败万恶的美帝国主义！他憧憬着胜利后的景象，想象着连队把他吸收为共产党员的情景，在烈火中慢慢低下了头，而后整个人都贴在了地面上，再也没有了一点动静……

　　在烈火燃烧的整个过程中，邱少云一点声音都没发出，一个大的动作都没做出，敌人一点都没有察觉。战友们看着邱少云的遗体，心中如刀割一般难受，都恨不得马上去和敌人拼命。可是那样一来，邱少云的牺牲就

毫无意义了。大家只好含着泪水继续潜伏，心中的怒火却直冲云霄！

傍晚时分，总攻时间终于到来了。随着总攻信号的升起，战士们心中仇恨的火焰再也按捺不住了，他们像地狱的烈火一般突然从地上蹿起，又如大海中的潮水一般涌上了391高地。他们一边撕心裂肺地大喊着"为邱少云报仇"！一边将子弹、刺刀狠狠地送进了敌人的胸膛！一个小时不到，391高地的敌人就被全部歼灭，志愿军的红旗插上了391高地。

战后，邱少云被追认为中国共产党党员，被追记特等功，追授"一级战斗英雄"称号；并被朝鲜民主主义人民共和国追授"共和国英雄"称号和金星奖章、一级国旗勋章。在邱少云牺牲的391高地，中朝两国人民筑起一座高高的石壁，上刻一行红色的大字"为整体、为胜利而自我牺牲的伟大战士邱少云同志永垂不朽！"

永 恒 丰 碑

纪律是什么？纪律就是钢铁般的意志。69年前，伟大的抗美援朝战士邱少云，为了战友，为了阵地，为了胜利，严守潜伏纪律，任由烈火焚身，直至被烈火吞噬；以最坚忍的潜伏，完成了中国士兵最勇猛的突击。从此，邱少云的名字在中国家喻户晓，成为严守纪律、自我牺牲的象征。在朝鲜战场，他是一个特殊的英雄，没有发射一枪一弹，没有直接消灭一个敌人，但他坚守"保家卫国"的信念，以人类罕见的意志力，突破人体承受的痛苦极限，用燃烧的青春和生命照亮了战友通往胜利的道路，兑现了"为了战斗的胜利，甘愿献出自己的一切"的铮铮誓言，铸就了"纪律重于生命"的精神丰碑。时空转换，他的革命信念和崇高精神将继续激励中华儿女在新的征途上接续奋斗，砥砺前行。2009年9月，他被评为"100位新中国成立以来感动中国人物"之一；2019年9月，被授予"最美奋斗者"的荣誉称号；还被中央军委批准为全军十大挂像英模之一。

英 雄 儿 女

杨连第：
保家卫国的"登高英雄"

　　1919年，杨连第出生于天津市北郊北仓镇的一个贫苦人家。因家境贫寒，他14岁起就不得不担负起养家的重担，给人帮工种地，站柜台当伙计，15岁时到鞋厂当学徒。日本侵占天津后到城里蹬三轮车谋生，1943年被日伪当局抓去当电业工人，登高架线，虽拼死劳作，仍不得温饱。

　　1945年8月，日本宣布无条件投降。中国人民14年抗战终于取得了最后的胜利。老百姓纷纷走上街头，敲锣打鼓，唱歌跳舞，欢庆全民族的伟大胜利。此时，八路军控制了天津的杨村、静海等地。有一天，杨连第正在杨村挂着电线，遇到了胜利归来的八路军战士。他们喜笑颜开，向两旁的群众挥手致意。很快，杨连第认识了很多八路军战士，从他们那里了解到八路军是共产党领导的军队，是专门为穷人打抱不平、替老百姓做主的军队。于是，他萌生了参加八路军的愿望。

但是谁也没有想到，国民党反动派很快又挑起内战，苦难深重的中国人民再一次陷入水深火热之中。杨连第参加八路军的梦想也就此破灭。但他并没有消沉，坚信共产党的军队一定会重新打回来。

1949年1月中旬，共产党领导的人民解放军终于打响了解放天津的战斗。正在天津城干活的杨连第趁夜黑爬过护城壕沟跑到北仓，主动向解放军介绍天津城防情况，随即和弟弟加入到给解放军运送弹药的民工行列。攻城开始后，又与同伴数次冒着枪林弹雨从前线抢救伤员。经过29个小时激战，解放军取得了最后的胜利。天津终于获得了解放，重新回到了人民的手中。

此时，已过而立之年的杨连第感到圆军人梦的机会来了。他四处打听，如何才能报名参军？功夫不负有心人，1949年3月，杨连第得知解放军的铁道部队要招募一批技术人员，他兴奋不已。在家人的支持下，杨连第参加了中国人民解放军，成为铁道兵团一支队一团的一名战士。

杨连第参军后执行的第一次任务就是1949年4月修复石家庄至北戴河铁路线上的76号桥。该桥为双轨，其中一孔钢梁遭到敌人破坏，严重影响了解放军物资的运输和后勤保障。当时没有大型起重设备，杨连第因陋就简，提出了自己的施工方案，一举获得成功，受到连队的表扬。紧接着是抢修该铁路线上的71号桥。由于桥墩墩顶面积小，杨连第和战友们在上面作业时，突然失脚，从7米高的桥墩上摔下，昏迷过去。当他苏醒后，指导员已端来热汤面亲自喂他吃，说："好好休息，革命队伍就是咱们的家！"这让杨连第感动得热泪盈眶。第二天，杨连第头包着纱布就上了工地。他积极响应"解放大军打到哪里，铁路就修到哪里"的号召，立志为解放全中国而奋斗。

1949年8月，上级命令杨连第所在的团三个月内修复陇海铁路线上的八号桥。这座桥横悬在两山之间，地势险要，桥墩高45米，是当时全国铁路第一高桥。在抗日战争和解放战争中，该桥几次被炸毁，只剩下五座高低不平的桥墩矗立在深壑中。车站上，解放军亟待运往西北前线的粮食、武器弹药等军需物资堆积如山，战士们个个心急如焚。要重新架起桥梁，必须首先登上桥墩，清理废弃物，铲平桥墩顶。但是如何登上桥墩却成为一个大难题。全团修桥动员大会后，杨连第独自到桥墩下反复观察，发现桥墩上每隔3米多就有一根50厘米长、6厘米宽的铁夹板，而且夹板上还有圆孔，便大胆提出一个方案：用带钩的杆子钩住铁夹板上的圆孔，然后顺着杆子爬上去，把脚手杆绑在铁夹板上，再搭成单面云梯。团党委批准了这个方案，并确定杨连第和另外18名战士为登高勇士。9月20日上午，登高开始，杨连第第一个攀登。当他登到20多米高的时候，铁夹板越来越稀少，由间隔3米变为5米，最长的杆子钩也钩不到上面的铁夹板。杨连第深吸一口气，踮起脚尖，踩着仅有6厘米宽的铁夹板，用一只手举杆，另一只手扶着光滑的水泥墩壁，沉着地用杆子钩钩住了上面的眼儿，纵身爬了上去。后面的战友们紧跟着将云梯搭了上来。当杨连第就要攀到墩顶时，却被突出来的顶檐挡住了。笔直的长杆不能拐弯，无法钩到墩顶的铁夹板，在场的人们都屏住了呼吸。这时，杨连第突然发现上面有一根被炸断的钢轨突出在顶檐外，便解下腰间的绳子，甩上去套住钢轨，两脚蹬着墩壁向上攀，终于抓住钢轨，翻身跃到墩顶。当他掏出怀中的红旗高高举起时，桥下一片欢呼声。

然而，整平墩顶是一项更艰巨的任务，因为桥高、风劲、地方窄，墩顶上面只有3平方米，稍有不慎，就会跌落下来摔成肉饼。特别是二号墩，顶面约有26立方米钢筋混凝土，用钢钎、铁锤等传统工具需要两个月才能清除掉，但按照任务要求，则必须在10天内清除掉。杨连第和排长研究后，创造了"轮番爆破，整平墩顶"的修桥方法，决定采取打斜眼儿、装土药、小剂量连续爆破的方法施工。全连同志轮流登顶打眼儿，杨连第只身一人专门负责爆破。每次放炮时，他要到檐下的脚手架上隐蔽，仅靠一块木板做掩护。他在三天的时间里，爆破了100多次，耳朵震聋了，头震晕了，也不肯换班。全团战士一鼓作气，在10月8日完成了全部任务。杨连第以超人的胆略和绝技，创造了奇迹，使架桥任务提前20天完成，英雄事迹震惊了全团。兵团党委给杨连第记大功一次，并授予他"登高英雄"的光荣称号。

1950年9月25日，杨连第在北京光荣地出席了"全国英模代表大会"，被选入大会主席团，受到毛泽东等党和国家领导人的亲切接见。参加完大会后，杨连第就出征参加抗美援朝战争，被编入志愿军铁道兵团一师一团一连。

一到前线，杨连第就投入到鸭绿江铁路便桥的修建当中。此时，天气异常寒冷，水面都结成了厚厚的冰层。他们只得凿开冰层，将身子浸泡在寒冷的水中，下木笼，抬枕木，一泡就是一天。收工后，战友们累得倒头便睡。杨连第却不顾劳累，拾柴点火，给战友们烘干衣服。他们不惧敌机轰炸，不畏天气严寒，仅奋战7天就胜利完成任务。

随着战事的不断扩大，前线对物资的需求也越来越大。如果后勤得不到有效保障，那么志愿军取得的战果将功亏一篑。这时，杨连第被紧急调往四连，负责沸流江大桥的修建工作。由于美军在白天不停地狂轰滥炸，所以修建工作只能在晚上进行。夜晚视线不好，加之天气非常寒冷，工作进展十分缓慢。杨连第心急如焚，脑子里不停地思索着。清晨，他一个人趴在小山头上，观察着敌机飞行的规模和频率。终于，他发现每一批敌机到来之前都会有一部分空闲时间，利用这个时间正好可以进行修建。他立即向上级汇报并得到了批准。就这样，他们和敌人玩起了捉迷藏。敌机一来，他们就躲进防空壕里；敌机一走，他们立马出来抢修。在杨连第的带领下，大桥修建工作进展得十分顺利，仅用四天时间就完成了任务。1951年3月6日，杨连第光荣地加入了中国共产党。

　　1951年7月，杨连第被提拔为副排长，奉命带领一排在80天内修复被美军炸毁的清川江大桥。这时，恰逢朝鲜40年不遇的特大洪水，他们先后搭浮桥12次，均被冲毁。最后，杨连第创造性地运用修桥历史上前所未

有的"钢轨架浮桥"的方法进行抢修，终于将大桥修复，使中断的清川江大桥胜利通车，在洪水期保证了前方军需物资的供应。杨连第因此又立一次大功、两次小功，他领导的一排荣立集体功。1952年5月15日凌晨，当身为副连长的杨连第带领战士们在清川江上检修大桥时，突然一枚隐藏的炸弹发生爆炸，飞溅的弹片恰好击中了他的头部。杨连第顿时满头是血，很快昏迷不醒。战士们撕心裂肺地呼喊着他的名字，希望他能醒来。可是，年仅33岁的"登高英雄"杨连第却再也没能睁开眼睛。

杨连第牺牲了，为了保家卫国和维护世界和平，将自己的一腔热血永远地洒在了朝鲜战场。战后，中国人民志愿军领导机关为他追记特等功，追授他为"一级战斗英雄"。朝鲜民主主义人民共和国追授他为"共和国英雄"，授予他"金星奖章"和"一级国旗勋章"。

永恒丰碑

"道路千万条，运输第一条"，说的是战场上运输补给线的重要性。在人民解放战争的最后一年，杨连第作为铁道兵技术人员，在修复陇海铁路8号桥的过程中，以超人的智慧和勇气创造了令世人惊叹的奇迹，获得"登高英雄"的殊荣。在抗美援朝战争中，铁路是反绞杀战的中心战场，铁路运输在后勤保障中具有举足轻重的地位。为了保障运输线的安全畅通，杨连第在敌机狂轰滥炸和天气严寒的险恶环境里，无畏艰苦，不怕牺牲，机智勇敢，奋不顾身地战斗在抢修铁路桥梁的最前线，为打造"打不烂、炸不断的钢铁后勤运输线"舍生忘死，英勇牺牲。正是他和战友们的慷慨奉献，创造了现代战争史上的保障奇迹，为抗美援朝战争的胜利提供了强有力的保障，为祖国和民族赢得了尊严。如今，山河无恙，国泰民安。杨连第的"登高精神"跨越时空，将永远激励着中华儿女奋发图强，永攀高峰。2019年9月，杨连第被授予"最美奋斗者"的荣誉称号。

06 | 承铸信仰，发愤图强

1956 年基本完成了对农业、手工业和资本主义工商业的社会主义改造，标志着我国社会主义制度已经建立起来了，步入了社会主义社会。那么，该如何建设社会主义？社会主义该怎样巩固和发展？1956 年 9 月召开的党的八大对国内形势和国内主要矛盾的变化作出正确分析，确立了一系列新方针。特别是在经济方面，继续坚持既反保守又反冒进，在综合平衡中稳步前进的经济建设方针，并通过了《关于发展国民经济的第二个五年计划的建议》，为社会主义发展擘画了宏伟蓝图。

为了尽快改变贫穷落后的面貌，1958 年 5 月，中国共产党召开八大二次会议，制定了"鼓足干劲、力争上游、多快好省地建设社会主义"的总路线，导致出现了"大跃进"和人民公社化运动等严重失误。但是，在党中央觉察到失误后，及时纠正错误，于 1961 年 1 月召开党的八届九中全会，决定对国民经济实行"调整、巩固、充实、提高"的八字方针，并在全党恢复实事求是、调查研究的作风，要求领导干部带头深入基层调查研究。经过全面调整，准确地讲，这一时期经济建设方面的发展趋向基本上是正确的，只不过在政治思想方面的发展趋向则基本上是"左"的、错误的。最终，后一种发展趋向压倒了前一种发展趋向，导致了"文化大革命"的爆发。

回望这段历史，我们要清楚地认识到，尽管社会主义建设的探索之路荆棘满布、沟壑纵横，但中国共产党团结带领人民发扬"自力更生、艰苦奋斗"的创业精神，社会主义经济建设仍然取得了无可否认的伟大成就。比如，在工业建设方面，独立完整的工业体系在我国基本建立起来；在国防科技领域，成功研制了"两弹一星"等大国重器，使我国挺立于世界民族之林，等等。同时，我们也要清楚地看到，这一时期涌现了许许多多把个人利益置之度外，用生命书写信仰和忠诚的共产党人。他们传承共产主义信仰，铸就了社会主义信念，构筑了共产党人新的精神高地，在那"激情燃烧的岁月"奋发图强、赤诚奉献，书写了无数改天换地的壮丽诗篇，托起了民族的自信心和全民的自豪感。他们无愧为感动中国的"优秀共产党员"。

英·雄·儿·女

向秀丽：
向火而生的巾帼豪杰

1933 年 5 月，向秀丽出生在广州市的一个穷人家庭。为了养活一大家子人，她的父亲向裕德只得远离家人，跑到乐昌县（今乐昌市）的一家店铺里打工，靠挣得的一点散钱养家糊口。但是，这并不能从根本上改善他们的生活。在那个年代，穷人只能忍受有钱人的压迫和剥削，他们的生活始终处于水深火热之中。

1937 年 7 月 7 日，卢沟桥事变爆发，日本大举入侵中国。敌机每日徘徊在广州珠江两岸的上空，对整座城市进行地毯式的狂轰滥炸。不久，广州就变成了一片废墟，许多百姓颠沛流离，无家可归。向秀丽的母亲只好领着几个孩子住到越秀山附近一个破败不堪的贫民窟里。街上的店铺早已关闭，人们都逃难去了。没了经济来源，父亲又不在身边，母亲只得带着孩子们随着逃难的人群，来到广东中西部的肇庆县，另谋生路。

在肇庆，一个叫荣盛的贫农看他们实在可怜，便将自己家的牛棚腾出来供他们暂住。为了长久地生存下去，母亲只得送小秀丽去地主家做丫鬟。在地主家的日子里，小秀丽不仅要干男人干的重活，还要忍受地主一家人的打骂。有一次，小秀丽干活受了伤，脚趾溃烂，全身发肿，无法再像以前那样干活，竟被狠心的地主踢出了门。

时间来到了1945年，中国人民取得了抗日战争的伟大胜利，人们都期盼着和平安定的生活。但是，没过多久，蒋介石便撕毁和平协议，公然发动内战，中国再次陷入生灵涂炭的悲惨境地。当时，国民党反动派控制着好多像广州这样的大城市，他们搜刮民脂民膏，哄抬物价，老百姓吃不饱、穿不暖，生活依旧苦不堪言。从此，一颗仇恨封建势力和黑暗社会的种子在小秀丽幼小的心灵中逐渐萌芽。

1949年10月，广州获得了彻底解放，人们纷纷走上街头，庆祝这一来之不易的胜利。此时的向秀丽正值青春萌发之时，她同伙伴们一道也加入了游行的队伍，热烈欢迎解放军的到来。因为她知道只有共产党、毛主席和解放军才能帮助穷人翻身，为穷人办事。

新中国成立后，人民真正当家做了主人。向秀丽的父亲、哥哥和姐姐也都有了稳定的工作，日子越过越红火。那时候的向秀丽还在一家药厂做包装女工。药厂的老板是一名黑心的资本家，不仅强迫她们延长劳动时间，克扣她们的工钱，还千方百计地阻挠员工们学习党的知识和接受党的教育。区党委派来的工作队进入工厂后，在工人群众中宣传工会组织的性质、目的和重要性。向秀丽的革命热情一下子就被点燃了，她第一个积极主动地加入了工会。

在工会里，向秀丽履职尽责、兢兢业业，为争取工友们的权益奔走呼吁。与此同时，她还积极地同资本家展开斡旋与斗争。虽然向秀丽没上过学，也没有什么文化，但她明白是非，懂得天下工人要团结一心、共同努力才能打倒资本家。这一切工友们都看在眼里，对她的工作能力纷纷表示赞许和肯定。不久，向秀丽就被选为工会的组织委员，后来又被中区组联选为女工委员。在做工会工作的时间里，向秀丽任劳任怨，不计较个人得失。她经常说："革命工作需要我们干什么就应该干什么。"她在厂里是计件工，担任工会干部后，常要占用生产时间做工会工作，因此每月工资由40多元降为20多元。当上级工会决定设法照顾她时，她却坦然地说："工会工作是为大家服务的，困难再多也得做好，我的工资虽然减少了，但比解放前好多了。"

自从担任了工会的重要职务后，向秀丽承担的工作也越来越艰巨，处理的事情也越来越复杂。她深感自己经验不足、能力不行，怕完成不了组织交给的任务。因此，她时常感到自卑和苦恼，非常羡慕别人能够游刃有余地处理工作。于是，她虚心向别人请教和学习。在这过程中，她逐渐明白做工作要紧紧依靠党和人民群众。在工会这个大熔炉里，向秀丽不断地成长进步。

1953年11月，党为了更好地培养向秀丽这棵好苗子，派她到中区工会干部训练班学习。由于向秀丽从来没有上过学，因此她十分珍惜这次难得的学习机会。课堂上认真倾听，下课后虚心请教，不懂就问。等到学习结束的时候，她还受到了嘉奖和表扬。在这段时间里，她对党的工作有了更深刻的认识和体会，她明白自己是在为谁工作，为谁服务。

不久，团区委又派她到青工业余训练班参加团课的学习。她被苏联女英雄卓娅的英雄事迹所感动，在工作和生活中，坚持向这样的英雄模范人物学习和看齐。在组织的长期培养下，向秀丽的政治素养和思想认识水平都得到了极大的提升。1954 年 11 月 28 日，向秀丽光荣地加入了中国共产主义青年团，终于可以在更广阔的舞台上发挥更大的作用了。

1958 年，全国掀起了大跃进和人民公社化运动的高潮。向秀丽所在的何济公制药厂也不例外，工人们激情四射、干劲十足，力争使自己的企业面貌焕然一新。当时，药厂发明了新产品"甲基硫氧嘧啶"，为了不耽误工期，需要立即投产。但是，做这种产品具有一定的危险性，许多工人的心里都打起了退堂鼓，不愿意干这项工作。于是，党组织找向秀丽谈话，想把这项艰巨的任务交给她。她没有听从其他人的好意提醒，欣然接受了这项工作。在她心中，党的利益、集体的利益高于一切。她认为党派她去做这项工作是对她工作能力的肯定，同时也是党组织对她的进一步考验。就这样，向秀丽从包装车间调到了"甲基"小组。

在"甲基"小组，刚开始的学习十分的艰难，因为这是她从来没有接触过的一个全新领域。每天向秀丽都跟着老师傅一步一步、一点一点地学习。许多化学符号和公式她都是平生第一次接触，她恨自己为什么这么笨，老是背不下东西，记不完笔记。在那段日子里，她经常通宵达旦地看书学习。虽然苦恼和烦躁，但是她从来没被困难吓倒。只要能为党工作，她愿意牺牲一切。功夫不负有心人，经过一个多月的学习钻研，她掌握了这项技术并把它传授给后来的新员工。但她并不满足于此，想要跟着老师傅学会更多的东西。

在一次听了中区化工业党总支书记的动员报告后，她加入中国共产党的愿望更加强烈，期待能够早日加入中国共产党。因为党，她摆脱了贫困，过上了幸福生活。因为党，她才能实现心中远大的理想，干成一番大事业。经过党组织的长期培养和考察，1958年10月31日，向秀丽被批准成为一名中共预备党员，她多年的梦想终于实现了。

1958年12月的一天，向秀丽像往常一样来到工作的车间。由于这一次的酒精瓶全部由平底换成了圆底，不好搬运。向秀丽便和工友罗秀明一起将酒精瓶抱起并小心翼翼地往量筒里灌。刚开始进展得十分顺利，后来一不小心手一滑，整个酒精瓶"啪"的一声掉落到地上摔得粉碎，酒精液体瞬间倾泻出来，流向墙边火红的煤炉。很快，煤炉的热气一下子点燃了酒精，整个车间顿时燃起了熊熊大火。向秀丽赶忙用毛巾去扑

火，但无济于事，她的身上也着了火。不远处就是金属钠，一旦金属钠被引燃爆炸，不仅工厂将毁于一旦，而且会殃及附近的商铺、居民和学校，后果不堪设想。为了阻止酒精流向金属钠，避免爆炸事故的发生，向秀丽不顾个人安危，忍受着火焰在她身上燃烧的痛苦，毅然决然地横躺在地面，好似一堵铜墙铁壁隔断了酒精的去路。这时，及时赶来的人们迅速地扑灭了大火，并赶紧把向秀丽送到医院急救。但此时的向秀丽全身烧伤面积达 67.25%，极其严重的烧伤使她昏迷了三天三夜，生命几度垂危。医院尽全力救治，艰难地维持着她的生命。但向秀丽终因伤势过重，医治无效，永远地离开了她所热爱的人民和要报答的新中国，年仅 26 岁。

1959 年，中共广州市中区委员会追认她为中共正式党员，广州市人民政府批准她为革命烈士。

永 恒 丰 碑

没有从天而降的英雄，只有挺身而出的凡人。20 世纪 50 年代末，有一个叫向秀丽的普通女工，在车间突发火灾的一刹那，毅然决然地用自己柔弱的身躯阻挡住烈火的蔓延，为保护国家财产和人民生命安全英勇献身。这位向死而生的巾帼豪杰的出现并非偶然，苦难的童年使她对社会主义怀有深厚的感情，对社会主义建设抱有迫切的愿望，对共产主义信仰坚如磐石。因此，她以高度的责任感和使命感，满怀激情地投入到社会主义建设热潮中。她爱岗敬业，在平凡的工作岗位上任劳任怨、埋头苦干；她克己为公，无私奉献，为保护国家财产不惜赴汤蹈火；她热心助人，舍己为群，为保护人民群众的生命安全不惜以身赴险。2009 年 9 月，向秀丽被评为"100位新中国成立以来感动中国人物"之一；2012 年，她的英雄事迹入选《复兴之路》展览，被誉为"党的好女儿"；2019 年 9 月，被授予"最美奋斗者"的荣誉称号。

英雄儿女

雷锋：
闪耀光辉的平凡战士

雷锋，原名雷正兴，1940年12月18日出生于湖南省望城县安庆乡简家塘村（今长沙市望城区雷锋街道雷锋社区）的一个贫苦的农民家庭。父亲雷明亮曾参加过毛泽东组织的湖南农民运动，当过自卫队队长，后来相继遭到国民党和日寇的毒打，伤势严重，在雷锋5岁那年过世。父亲过世后，哥哥雷正德12岁就外出当童工挣钱养家，但繁重的劳动严重摧残了这个少年的身体，最后因感染肺痨，无钱医治而死。年幼病弱的弟弟连饿带病死在母亲的怀里。苦命的母亲为了保全雷锋这根独苗，忍气吞声地到一家谭姓地主家帮工，因难以忍受地主的欺辱，心灰意冷，最终悬梁自尽，那年雷锋才7岁。失去所有亲人之后，孤苦伶仃的雷锋给地主放过猪，外出讨过饭，住过破庙，进山拾过野果……尽管过着非人的生活，但他还是顽强地生活着。悲惨的童年遭遇激发了雷锋对封建势力和黑暗社会的仇恨，在他幼小的心灵中产生了参军的愿望。

1949年8月湖南解放。解放军路过雷锋的家乡，年仅9岁的他追上解放军要求当兵。解放军连长当时看他年纪太小，便没有同意，而是送给他一支钢笔，希望他好好用心读书。一年后，雷锋光荣地成为儿童团团长，他不仅热心帮助儿童团成员，还响应号召，积极参加政府的土地改革工作。他通过参加诉苦会，开始懂得阶级仇、民族恨，知道是共产党救了穷人，让他们翻身得解放。也是在这一年，党和人民政府送他这个孤儿上学读书。他勤奋刻苦地学习，不仅成绩优异，还积极参加学校组织的各种活动，之后更是成为班级首批加入少先队的学生。1956年7月，雷锋小学毕业，他响应党的号召，到农业合作社做了一个有文化的新式农民。9月，他被乡政府调去做通讯员，工作干得十分出色。不久，他又被调到县机关工作。在县委机关党团组织的培养帮助下，1957年2月，他光荣地加入了共青团，还被评为县委机关的模范工作者。

1958年春，雷锋到团山湖农场做了一名拖拉机手。4月底，大雨连降，多地发生洪涝险情。5月12日傍晚，雷锋像前几天一样跑到河堤上挑土筑堤，捆扎防浪排。谁知半夜一股大风掀起的层层巨浪冲裂了堤坝。雷锋和群众被困河堤中央，前后都无退路。面对险情，雷锋镇定自若，临危不乱，一边安抚职工群众，一边保护群众的生命安全。最终，大家安全脱险。

1958年，我国开始实施"第二个五年计划"。雷锋积极响应国家支援鞍钢的号召，通过招工来到辽宁鞍山钢铁公司做了一名推土机手。但是他刚到鞍山，就遇到一个实际困难：雷锋是南方人，突然来到北方，而且还是辽宁这个冬天非常寒冷的地方，加之推土机的工作又脏又累，工作生活条件都十分艰苦。车间主任问雷锋是否有困难，雷锋答道："困难是有的，但我能克服，我一定把工作做好，请领导放心！"雷锋到岗后，马上进入工作状态，第一时间向前辈师傅们虚心学习，请教问题。经过认真刻苦的学习，雷锋很快就熟练掌握了驾驶和修理推土机的技术，成了一名出色的推土机手。

雷锋非常爱护设备，工作时精心操作，休息时小心维护。在雷锋的细心养护下，他的设备是厂里完好率最高的，并且多次被评为工厂和车间的红旗设备。正如他所说的："一个人的作用对于革命事业来说，就如一架机器上的一颗螺丝钉。机器由于有许许多多螺丝钉的联结和固定，才成了一个坚实的整体，才能运转自如，发挥它巨大的工作能力。螺丝钉虽小，其作用是不可估量的，我愿永远做一个螺丝钉。"

1959年8月，鞍钢在弓长岭矿山修建了一座焦化厂，要调一批人过去参加基本建设，条件更为艰苦。但为了祖国的经济建设，雷锋毫不犹豫地第一个报了名。来到矿山焦化厂的第一天，他就申请加入中国共产党。白天他拼命劳动，晚上挤时间学习。他在日记中写道："我愿在暴风雨中锻炼自己，不愿在平平静静的日子里度过一生。"

1959年12月，国家下达征兵命令。当兵保卫祖国是雷锋从小就有的愿望。得知征兵的消息后，雷锋跑了几十里路来到辽阳市兵役局报名和参加新兵体检。雷锋身高只有1.54米，体重不足55公斤，这并不符合国家征兵的条件。但由于雷锋政治素质过硬，还有技术，再加上他坚定的从军决心，最终雷锋被破例获准入伍。入伍后的雷锋，被分配到运输连，成为一名汽车兵。

作为一名汽车兵，首先必须要有过硬的驾驶技术。面对连队教练车短缺的状况，他带领战友们制作了一个汽车模拟驾驶台，没日没夜地刻苦钻研各种驾驶技巧。由于有着精湛的技术和丰富的经验，雷锋被大家一致推选为技术学习小组组长。经过几个月的系统训练，雷锋成为一名合格的驾驶员。

雷锋驾驶的13号卡车，原来是班里耗油最多的一辆车，战友们都管它叫"耗油大王"，早应停车大修了，但由于施工、训练任务紧张，没能大修。领导见雷锋不仅刻苦钻研技术、精益求精，而且爱车如命，就把这台"耗油大王"交给了他。只有解决耗油量大的问题，才能真正发挥它的作用。要解决这个问题，就需要找到真正的原因。经过认真仔细地查找，他发现是油化器的油针太粗了。于是，他就设法调整了油针，最终制服了这台"耗油大王"。

1960年8月，辽宁抚顺发生特大洪水，雷锋所在部队接到了上级抗洪救灾的命令。刚刚救火被烧伤还未痊愈的雷锋二话不说，立刻就和战友们投入了战斗。他们在上寺水库大坝鏖战七天七夜，最终将洪水成功逼退，被记一次二等功。1960年11月，雷锋光荣地加入了无产阶级先锋队，成为中国共产党党员。

雷锋曾在日记中写道："我觉得要使自己活着，就是为了使别人过得更美好。"他不满足仅仅做好本职工作，总是千方百计地多做对党和人民有益的事情。有一次，在沈阳车站，有位外地来的中年妇女途中丢了车票，十分着急，他就自己掏钱给她买了一张车票，送她上了车。这位旅客很感激他，问他叫什么名字，在哪个部队。他腼腆而幽默地说："叫解放军，住在中国。"当辽阳市遭受特大洪水的时候，他给该市寄去了自己省吃俭用积蓄下来的 100 元钱。当他同班战友的父亲生病的时候，他以这位战友的名义寄去了 10 元钱。一天傍晚，一对母子在滂沱大雨中艰难地前行。雷锋看到后赶忙跑过去，将自己身上的雨衣脱下披到了大嫂身上，全然不顾自己淋得像个落汤鸡，一路护送两个多小时，最终将她们母子安全送到了家里。他做好事从来不声张，也不图什么。于是就有人说他是傻子。雷锋在日记中写道："如果说这就是傻子，那我是甘心愿意做这样的傻子。我就是长着一个心眼：我一心向着党，向着社会主义，向着共产主义。"

入伍期间，雷锋先后荣立二等功一次、三等功两次，并被评为"节

约标兵""少先队优秀校外辅导员",荣获"模范共青团员"称号。
1962 年 8 月 15 日,雷锋与战友在连部洗车,需要将车子从连部车场开
到营房后边的一块空地。当战友倒车拐弯时,不慎将一根晾衣用的方木
柱子碰倒。雷锋正在全神贯注地指挥倒车,不幸被倒下的柱子砸中太阳穴,
当场昏倒。虽经医生全力抢救,但终因伤势过重而停止了呼吸,年仅 22 岁。

　　1963 年 3 月 5 日,毛泽东在《人民日报》发表了"向雷锋同志学习"
的醒目题词。从此,雷锋成为全国家喻户晓的光辉榜样,每年的 3 月 5
日也成了我们向雷锋学习的纪念日。

永恒丰碑

　　雷锋是一位平凡而伟大的共产党员和解放军战士,他把自己最美好的
青春全部献给了党和人民,是中国共产党全心全意为人民服务根本宗旨的
忠实践行者。他把有限的生命投入到无限的为人民服务之中去,在短暂而
精彩的人生历程中,体现出热爱党、热爱祖国、热爱社会主义的崇高理想
和坚定信念,服务人民、助人为乐的奉献精神,干一行爱一行、专一行精
一行的敬业精神,锐意进取、自强不息的创新精神,艰苦奋斗、勤俭节约
的创业精神。他是平凡的,人人都可以学;但他又是伟大的,人人都要努
力才能学到。雷锋正是用一件件平凡的小事成就了不平凡的人生,用矢志
不渝的坚守立下了中华民族永恒的精神坐标。以他的名字命名的"雷锋精
神"影响了一代又一代人的成长,至今仍温暖着我们的社会,感动着我们
的时代,激励着接续奋斗的人们。2009 年 9 月,他被评为"100 位新中国
成立以来感动中国人物"之一;2018 年 9 月,被中央军委政治工作部评为"全
军 10 位挂像英模"之一;2019 年 9 月,被授予"最美奋斗者"荣誉称号。

英雄儿女

郭永怀：
立国扬威的"核盾功勋"

　　1909年4月，郭永怀出生于山东省荣成县（今荣成市）滕家镇的一个农民家庭。在他成长过程中，灾难深重的中国战乱频仍，社会动荡不安。他之所以能在动荡的社会里坚持一路求学，从一个普普通通的农家子弟成长为一个闻名世界的科学家并非偶然，这与他的爱国之心是分不开的。

　　1937年7月7日，日军悍然发动卢沟桥事变，中国驻军奋起反抗，全民族抗战由此爆发。为了保存科研力量，培养国之栋梁，北京大学、清华大学和南开大学组成了西南联合大学，一路向南迁到了昆明。可即便退到了远离前线的地方，敌人的飞机仍然肆无忌惮地来袭，对中国人民狂轰滥炸。残酷的现实和日军的累累罪行让郭永怀陷入了对未来的思索。当时他所学习和研究的内容都是一些纯粹的理论，在那个战火纷飞的年代，这些理论对于战胜敌人起不到太大的作用。他痛定思痛之后，心中升腾起了一个伟大的理想——要帮助祖国建立强大的空军！在这个伟大理想的驱动下，他走向了航空工程领域。

1938 年夏天，中英庚子赔款基金会留学委员会举行了第七届留学生招生考试。郭永怀从 3000 多名考生中脱颖而出，和钱伟长、林家翘一起被录取。对他来说，出国留学不仅是为了提高自己，更是为了实现自己报效祖国的伟大理想。

1939 年，第二次世界大战爆发，英国随即进入战争状态，赴英留学的计划就此破灭。因此，英国当局决定将这批留学生转到加拿大学习。在将要出发的时候，他们发现出国的护照竟然是由日本政府颁发的。这时候，向来沉默寡言的郭永怀一反常态，挺身而出，说道："宁可不出国，中国人也要有自己的骨气！"说完，他和其他留学生一起，毅然走下了船！好在通向未来的大门并没有对他们关闭，在经历了一番波折之后，他们再次获得了留学机会，于 1940 年 8 月进入加拿大多伦多大学的应用数学系学习，之后转入美国加州理工学院继续深造。

在美国加州理工学院，郭永怀师从"航空之父"冯·卡门，主修流体力学专业。也是在这里，他与同门钱学森建立了深厚的友谊。在校期间，郭永怀努力学习和研究，一举拿到了博士学位。满身光环的他拒绝了许多名校和企业开出的优厚待遇，决定继续在空气动力学领域学习，以便将来为中国的国防事业服务。在老师的推荐下，他进入康奈尔大学任教。

当时，航空高速飞机的研制中有一个世界性的难题，那就是当飞机飞行速度接近声速的时候，飞机阻力会剧增，将导致操作失灵甚至机毁人亡。这个难题被人们称为"声障"。从 1946 年到 1956 年的 10 年间，郭永怀就是在研究如何突破"声障"的课题。由于他研究的领域会触及美国的机密，因此从一开始，美国方面就处处为难他，提出了"放弃回国""永久留美"等许多无理要求。就在这样的艰难条件下，他的研究步伐也从未停下，最终解决了跨声速流动中的重大理论问题。为此，他不仅一跃成为康奈尔大学航空实验室的三个核心主持人之一，而且成为闻名世界的科学家。

1949 年新中国成立以后，许多在外留学的中华儿女怀揣着报效祖国的理想，纷纷踏上了回国之路。可是，对郭永怀来说，这条路走得并不顺利。在此后的几年里，郭永怀的行动乃至自由受到了美国政府的限制，尽管他也想赶快回到祖国去，可是现实条件却不允许。当出境的禁令被取消后，他再也坐不住了，开始整天盘算着回国的事。得知他要回国，美国当局开始百般阻拦，当时退守台湾的国民党也派人劝他去台湾发展，所有人都知道他这样一位科学家一旦回到中国，必然会带动中国国防事业的发展。为了顺利回国，他做了很多准备，为了避免美国政府找麻烦，甚至不惜烧掉了十几年来写下的书稿。

1956 年 9 月的一天，郭永怀、李佩夫妻俩登上了"克里弗兰总统号"邮轮。9 月 30 日，郭永怀、李佩等科学家到达罗湖边防站，他们终于踏上了祖国的土地。经过 16 年的苦学和忍耐，郭永怀终于回到了日思夜想的祖国。对郭永怀来说，这一天的感慨何止万千。

郭永怀回到北京后不久，周恩来在中南海接见了他，当问到他有什么要求的时候，郭永怀焦急地说道："我想尽快投入工作。"一种强烈的使命感驱使他很快就全身心地投入到了工作中。

1958 年，党中央做出了建立核武器研制基地、发展核工业的决定。可不久后，苏联却撕毁了援助协议，不但撤走了全部的核工业专家，而且停止了一切设备和资料的供应。中国的核工业才刚刚起步就遇到了巨大的困难。

郭永怀临危受命，和王淦昌、彭桓武组成了中国核武器研究最早的三大支柱。要在一无图纸、二无资料的条件下掌握原子弹的构造原理并开展研制工作谈何容易，可是再难也挡不住祖国的需要。他们以现有条件进行了科学规划和合理分工。郭永怀主要领导场外实验，负责核武器研制的实验和武器化。在他的努力推动下，力学走上了同核武器实验相结合的道路。在关于原子弹的引爆方式的选择上，郭永怀带着队伍反复试验，甚至自己亲自去搅拌炸药，最终为我国第一颗原子弹的爆炸确立了最佳的引爆方案，并且应用于整个第一代核武器的研制投爆中。

在长达 8 年多时间里，从原子弹到氢弹装置，再到核航弹、导弹核武器，郭永怀一刻也没有停歇。他始终记得 20 多年前，日军对中国人民的狂轰滥炸，建设强大国防的迫切愿望让他废寝忘食。他说："作为新中国的一个普通科技工作者，特别是作为一名共产党员，我只是希望自己的祖国能早一天强大起来，永远不再受人欺侮。"

就在多项核武器技术被不断突破的时候，1963 年 8 月 5 日，美国、苏联和英国正式签署了《禁止在大气层、外层空间和水下进行核试验条约》，这个条约表面上是为了使人类环境不再受放射性物质污染，可实质上却是几个大国企图垄断核力量，妄图阻止中国成为有核国家。为此，党中央下达了明确的命令：要在 1964 年年内爆响第一颗原子弹。

1964 年 10 月 16 日，随着一声巨响，一朵巨大的蘑菇云升腾而起，中国的第一颗原子弹爆炸成功了！郭永怀喜极而泣，瘫坐在地上，他实在太累了，现场的许多工作人员看到郭永怀的样子，都心疼不已。

此时，核武器的研制基地已经迁到了青海，位于海拔 3800 多米的高原地区。这里气候变化无常，经常飞沙走石，最低温度达零下 40 多摄氏度，一年中有八九个月需要穿棉衣。试验现场更是荒凉无比，连一棵草都很难见到。郭永怀和许多科研人员常常因缺氧而头晕、胸闷，都出现了不同程度的高原反应。可是为了能及时研究新情况，郭永怀仍然不顾健康，频繁往来于北京和青海之间。

1968 年 12 月 4 日，郭永怀在第一颗热核弹头发射试验的准备过程中发现了一个重要线索。为了尽快解决遇到的问题，他匆忙从研制基地赶赴兰州，连夜坐上了去北京的飞机。5 日凌晨时分，飞机在首都机场徐徐降落，可是就在离地面 400 多米的时候，突然失去平衡，偏离了降落跑道，在空中歪歪斜斜地朝着一公里以外的玉米地一头扎了下去！只听"轰"的一声巨响，火焰冲天而起……

在机场等待接机的人们惊呆了，赶忙奔向坠机点，可他们看到的只是一片残骸和十几具烧焦的尸体。当人们找到郭永怀遗体的时候，竟发现他的遗体是与警卫员牟方东紧紧抱在一起的。当人们费力地将他们分开后，在场的人无不失声而泣——只见两人的遗体之间，一个公文包完好无损，里面装着的正是一份关于热核导弹实验数据的文件！飞机失事的一瞬间，他和牟方东一起用生命保住了这份珍贵的科研成果，而他的生命却永远定格在了 59 岁。

周恩来总理得知郭永怀牺牲的消息后忍不住失声痛哭，久久不语。在他牺牲 22 天后，我国第一颗热核导弹试爆成功；1970 年 4 月，郭永怀参与设计的东方红一号人造卫星也成功发射。1968 年 12 月 25 日，中华人民共和国内务部授予郭永怀烈士称号。

永 恒 丰 碑

社会主义新中国的活力和成就，让信仰的旗帜更具魅力，吸引越来越多的知识分子汇聚在共产主义信仰的旗帜下，书写他们的报国情怀，追寻他们的人生梦想。作为"两弹一星"功勋科学家群体的重要成员和唯一的烈士，郭永怀的人生追求就是"干惊天动地事，做隐姓埋名人"。为了中华民族的尊严和新中国的强盛，郭永怀默默扎根沙漠边陲，在极其艰苦和困难的条件下，顽强拼搏，与其他科研人员同心协力，创造了"两弹一星"的科学奇迹，造就了"热爱祖国、无私奉献，自力更生、艰苦奋斗，大力协同、勇于登攀"的伟大的"两弹一星"精神。他对党和人民的事业无限忠诚，力行初心使命，为新中国的国防和科技事业奋不顾身、死而后已。1999 年9 月，他被追授"两弹一星功勋奖章"；2018 年 7 月，编号为 212796 号的小行星被国际小行星中心永久命名为"郭永怀星"。天穹星光闪耀，人间英气驰骋。今天，我们追思郭永怀爱国奋斗、科技报国的人生历程，旨在大力弘扬伟大的"两弹一星"精神，奋力谱写无愧于新时代的辉煌篇章。

07 永葆信仰，锐意进取

　　1978 年 12 月召开的党的十一届三中全会，是中国共产党百年历程中的一个伟大转折点。这是一次时代转变，它重新确立了马克思主义实事求是的思想路线，作出了把工作重点转移到社会主义现代化建设上来和实行改革开放的历史性决策，标志着开启了改革开放和社会主义现代化建设新时期。

　　经济体制改革率先在农村取得突破性进展，创新推行以包产到户、包干到户为主要形式的家庭联产承包责任制，大大地激发了农民的生产积极性。1979 年 4 月，中央批准了广东省委负责人提出的兴办出口加工区、推进改革开放的建议，掀起了建立经济特区的热潮。1982 年党的十二大提出"建设有中国特色的社会主义"这一重大命题，为全面开创改革开放和社会主义现代化建设新局面明确了方向。随后，1987 年党的十三大正式提出了"三步走"发展战略。1992 年邓小平"南方谈话"稳定军心、奠定基调，坚定了继续坚持社会主义、推进改革开放的决心和信心。对此，党的十四大做出了建立社会主义市场经济体制的总体规划，并制定和形成了若干现代化建设的发展战略，特别是"一国两制"方针在香港、澳门得以成功实践。

　　在推进改革开放、探索中国特色社会主义道路的进程中，中国共产党深刻认识和回答了"什么是社会主义、怎样建设社会主义""建设一个什么样的执政党和怎样建设党""实现什么样的发展和怎样实现发展"等一系列重大问题，形成了中国特色社会主义理论体系。在科学理论的指导下，中国共产党成功地把中国特色社会主义推向 21 世纪，成功地实现了由计划经济向社会主义市场经济的转变，由农业大国向工业大国的转变，由生活贫困向小康社会的转变，成功地实现了中国经济总量跃居世界第二，迈入中等收入国家行列，中国发生了翻天覆地的变化。

　　翻天覆地变化的背后离不开信仰、信念、信心的力量。改革开放新时期，涌现出一大批永葆马克思主义信仰、坚定中国特色社会主义信念的先锋楷模，他们任劳任怨、无私奉献、廉洁奉公，用汗水和生命浇铸了赤忱报国、忠诚为民的信仰丰碑。

英雄儿女

苏宁：
热血铸军魂，矢志为国防

　　1953 年 12 月 7 日，苏宁出生于江苏省南京市的一个军人家庭。父母都是从战争年代走过来的老革命，对苏宁兄妹三人严格要求，从不娇惯。父亲经常领着他们到地里种菜，叫他们自己钉纽扣、补袜子，教育他们不能剩菜剩饭，就连他们的玩具也是父亲带着他们一起做的。父母经常给他们讲战争年代的故事，还会给他们讲董存瑞、黄继光、雷锋等英雄模范的故事。苏宁从小就受到父母的深刻影响，立志长大后做一名优秀军人，成为像董存瑞、黄继光、雷锋那样甘于奉献、不怕牺牲的大英雄。

1969 年 2 月，也就是在苏宁年满 15 周岁的那一年，他参军报国的志向终于实现了。这一年，苏宁如愿入伍，成为原 23 军炮兵团的一名战士。苏宁的哥哥苏峰比他早一年入伍。在部队这个大熔炉里，兄弟俩谈论的话题始终围绕着军事。他们无数次在空白的纸张上模拟演练，深入探讨如何能够把炮弹打得更精准一些。

部队的生活状态和条件与家庭和大城市不可同日而语。每天都要遵守严格的作息时间，接受严格的军事训练。苏宁在基层连队里为人谦逊低调，从不张扬和炫耀自己的家庭出身。家人也曾想着要为苏宁调动一下工作，把他安排到科研部门，但被苏宁断然拒绝了。他认为要实现自己心中的抱负，就要到最边远的连队和最艰苦的基层去锻炼成长。

1970 年，苏宁所在的部队换防到了哈尔滨市的郊区。1973 年 3 月，他光荣地加入了中国共产党。在这里，他从连长到营长，长期工作在基层岗位，并且兢兢业业、任劳任怨，一干就是 18 年。他把自己的大好青春都奉献给了他所热爱的军营和国防事业。他用自己的亲身经历实践了从小立下的凌云壮志。

苏宁从小就养成了勤俭节约的好习惯和艰苦奋斗的好作风。在生活中，苏宁节俭是出了名的，生活用品全是陈旧物件，大头鞋都打过好几个补丁，毛背心上虫眼密布，甚至连一个像样的枕头都没有。在炮兵团参谋长的岗位上，苏宁还住在面积只有约 9 平方米的背阴小屋里。屋里的全部"家当"：一张睡了 20 多年的木板床，一张有 30 多年"军龄"的办公桌，一个饱经沧桑的旧书柜，一只缝过的马扎凳，没有一件称得上奢华的物品。他对自己严苛，对家庭困难的战友一向慷慨大方，动辄拿出上千元钱给予补贴。1987 年苏宁担任炮兵团营长的时候，首先考虑的就是怎样把部队伙食搞上去。因为当时物价不断上涨，而全军的伙食标准是统一的，营里拿不出额外的经费来补贴伙食，导致战士们时常吃不饱、吃不好，严重影响了全营军事训练质量和战斗力提升。苏宁看在眼里，急在心上。这时，他想起了父亲小时候给他讲过的延安大生产运动，认为后勤供给问题可以通过自己动手生产来解决。于是，苏宁带领全营指战员开垦荒地，种粮、种菜和养畜，有效地改善了全营的伙食，战士们更加积极主动地投入军事训练，进一步提升了部队的战斗力。事后，苏宁把这段自力更生、艰苦奋斗的历程写成了一首《艰苦奋斗之歌》，作为他们的"营歌"，用来弘扬艰苦奋斗的精神。

雷锋是和平年代一个家喻户晓的军队英模，也是苏宁从小学习的好榜样。苏宁学习雷锋不是说说而已，而是落实到了自己的实际行动当中。他虽然出身于军队高干家庭，却怀有浓郁的亲民情怀，随时随地为群众做好事。读小学的时候，他每天放学都会准时出现在桥头，帮助过路的拉车工或推车工过桥。这种为人民服务的精神，他一直带到了部队并发扬光大。1970年，在他入伍不久后的一次演习中，部队分散在阿城县（今阿城区）的各个村庄。苏宁和他的战友们住进了冯大娘的家中。冯大娘家境穷困，生活艰难。每天演习之余，苏宁都会帮冯大娘干活。在一个月的演习时间里，苏宁和冯大娘以及其他村民建立了深厚的情谊。

这就是生活中的苏宁，"向雷锋那样做人，像焦裕禄那样做官"是战友们对他的评价，也是苏宁人生的真实写照。

作为一名军人，苏宁具有强烈的忧患意识。无论工作岗位怎么变动，他刻苦钻研、献身国防的壮志坚定不移。他虽然只有初中学历，但天资聪颖，经常搞一些小发明，为部队解决了许多实际问题。作为一名炮兵基层军官，苏宁的主要研究兴趣在于如何能够使炮弹准确地落入预定的弹着点。如果方向偏离，不仅会造成弹药的浪费，还有可能会伤及无辜。

苏宁在查阅了大量相关专业资料和反复模拟推演之后，发明了一种"射击捕捉器"，既可以准确抓住炸点，又能迅速、精确地修正偏差，极大地提高了部队的训练效率和战斗力水平。

哈尔滨的冬天寒冷而漫长，炮兵作为野战部队经常要去野外拉练，通过在极端天气条件下的训练，磨炼战士们的意志。但时间一长，也会给战士们的身体带来不可修复的损伤。因此，苏宁萌生了研制"多功能帐篷"的想法。

当时，国家还比较困难，指望上级拨款是根本不可能的。在家人的支持下，苏宁立马投入到紧张的研制工作中，很快就拿出了一张新型帐篷的设计图纸。紧接着在全家人的共同努力下，一顶崭新的"多功能帐篷"做出来了。这种帐篷隐蔽性好、保温性强、拆装方便。经过一段时间的试用，帐篷达到了很好的预期效果，并很快装备到了部队。

在苏宁办公室门口的名牌上刻有这样一段醒目的话：当你看到外军的指挥系统一秒钟处理几万个数据，指挥战争效率成倍增长，而我军的指挥员们还用铅笔在地图上点点时，作为中国军人，你能不着急吗？苏宁用这段话来时刻提醒着自己。20世纪80年代和90年代，计算机还没有得到普及，苏宁就超前地提出了利用计算机系统来辅助发射炮弹的想法。在得到领导的大力支持后，苏宁没日没夜地刻苦钻研，最后获得了成功。他还与哈工大的教授们一起合作研制了激光测速的项目，准确获取了炮弹发射时的初速度。苏宁在获得了巨大的成功之后，也引来周围部分人质疑的眼光。但他并不在乎这些，依然在做好本职工作的同时，任劳任怨、踏踏实实地在基层做着军事科研工作，撰写了70篇学术论文，完成和参与研制了162项改革，多次获全军、总部、军区和集团军的奖励，被战友们赞誉为"炮兵英才"。

1991 年 4 月 21 日，这是令众多战友终生难忘的一天。这一天像以往训练的每一天一样，苏宁都会提前来到训练靶场，察看和指导新兵们的日常训练，时不时还会手把手地教新兵们握枪的姿势并与他们交流训练的心得体会，同时教会他们一些技巧和方法。这一天，新兵们要训练的项目是实投手榴弹。相比于其他项目，这个项目更具有实战的味道，同时也具有一定的危险性。因此，苏宁不敢有丝毫的怠慢，生怕出现一丁点儿的闪失。他的目光是那么的坚定有力和全神贯注，密切注视着新兵们的一举一动。

首先开始训练的是 13 连，训练进行得井井有条并顺利结束。紧接着，12 连跟进训练。苏宁命令 13 连连长做观察员，12 连连长先投。当 12 连

连长投掷时，意外却发生了：由于挥臂过猛，手榴弹碰撞堑壕后沿，滚落到不足一米外的 13 连连长的脚下。苏宁看到后立即冲上来推开 12 连连长，抓起 13 连连长脚下的手榴弹就往外掷，并大喊一声："趴下！"但手榴弹尚未出手就爆炸了。过了一会儿，等到大家都缓过神来的时候，才看到苏宁已经倒在了一片血泊之中。战友们赶紧送他到医院进行抢救。由于苏宁伤势太重，医护人员虽全力抢救，还是没能挽回他年仅 38 岁的宝贵生命……

1991 年 4 月 29 日 18 时 8 分，苏宁永远地离开了他所热爱的军营，永远地离开了他为之奉献一生的国防事业。1993 年 2 月，中央军委授予苏宁"献身国防现代化的模范干部"荣誉称号。

永恒丰碑

一个有希望的民族不能没有英雄，一个有前途的国家不能没有先锋。苏宁就是新的历史时期军队干部中的一个德才兼备、献身国防的英雄人物。他把初心融入内心，将使命注入生命，始终扎根基层，恪尽职守，任劳任怨，在平凡的岗位上造就了不平凡的事业。他严于律己、廉洁奉公，自力更生、艰苦奋斗，用实际行动弘扬我军的光荣传统。他具有强烈的忧患意识，在做好本职工作的同时，紧盯世界军事科学发展动向，潜心钻研军事科学理论，脚踏实地进行部队急需项目的研制和改革，为国防现代化建设做出了积极的贡献，被誉为"炮兵英才"。他乐于助人，关心群众，与战士情同手足，最后为保护战友英勇牺牲，以热血和生命生动诠释了对党和人民的无限忠诚，对祖国的无比热爱。2009 年 9 月，他被评为"100 位新中国成立以来感动中国人物"之一。2019 年 9 月，被授予"最美奋斗者"荣誉称号。

英 雄 儿 女

任长霞：
霞蔚长天，执法为民

1964 年 2 月 8 日，任长霞出生于河南省商丘市睢县的一个普通工人家庭。虽然父母都是工人，没有特别高的文化，但小长霞的家庭十分温馨。她的父母明辨是非，从小就教育长霞要爱憎分明，学会做好事。因此，在良好的家风家教中，小长霞逐渐成长，一个警察梦也在她的心坎上慢慢地生根发芽。

小学时期，任长霞经常和班里的同学们畅想未来，谈论长大后想做什么。教师、医生、科学家和演员等职业是大家最想做的，唯独任长霞一个人高喊："长大后，我要当警察！"同学们都对她刮目相看，觉得她不简单，很有个性，长大后一定会有出息。任长霞是这么说的，更是这么做的。在班级里，她不仅积极主动地承担工作，而且还为一些弱小的同学打抱不平。每次逛街碰见警察，她的两个眼珠子瞪得特别大：穿上警服真英俊！她非常羡慕这些警察，心想："早晚有一天我也会穿上的。"

1981年，任长霞顺利地通过了高考并取得了较好的成绩，以她的成绩完全可以上一所录取线更高的学校，但是她从小就认定了警校。警校对身体素质有着比较高的要求，不是仅凭成绩好就能上的。任长霞从小身体不太好，小小年纪就被父母送去学武，因此在才艺展示环节给考官们留下了深刻的印象，大家纷纷记住了这个既漂亮又爱笑的女孩。就这样，任长霞顺利过关，终于成功地进入警校学习，如愿地穿上了她心驰神往的警服。

在警校的日子里，任长霞刻苦训练，擒拿格斗、射击、救援和骑车样样精通，成绩名列前茅，有的成绩甚至超过了男生的标准。她的名字很快在警校传播开来，一时名声大噪。同学们争先恐后地结交她，向她学习。任长霞逐渐成为警校最耀眼的一朵警花。

1983年对任长霞来说非比寻常。这一年秋天，英姿飒爽的任长霞警校毕业后被分配到郑州市中原区公安分局的预审科，正式成为一名人民警察。刚入职，她就告诫自己："热情和愿望，只是点燃事业的火种；本领和经验，才能让你的事业真正发光。"第一次审讯犯人，由于没有经验，任长霞反倒被老练的犯人占据了主导地位，审讯没有成功。以后每天下班回到家中，她就和妹妹分别扮演警察和犯人，反复认真地钻研。从语气、表情、坐姿和动作等方面进行充分的训练，工作能力不断得到提升。空闲时间，她还阅读犯罪心理学等方面的书籍，深刻分析犯人的犯罪动机。日复一日，年复一年，任长霞在工作岗位上越来越得心应手。

1992年11月，全国公安系统开展了大比武和职业技能竞赛。任长霞在技术大比武中脱颖而出，多次获得了市级公安系统和政法系统的第一名。特别是在1994年，任长霞在全省的预审岗位练兵大比武中力压群雄，成功夺魁。此后，任长霞更注重探索和积累办案经验，不断提高审讯技巧。几年下来，她直接审理了各类刑事案件1000余起，追捕逃犯近千人，在预审岗位创造了全省无人能比的佳绩。1998年，上级安排她担任郑州市公安局技侦支队支队长。在这期间，她带领同事们破获了300余起大案要案，稳定了当地的社会治安。但同时，她也深知自己身上的担子越来越重，只有全身心地投入到工作中，才能无愧于组织的信任和百姓的重托。

2001年4月11日，任长霞被任命为登封市公安局局长。登封是一座因少林寺而名扬海内外的历史文化名城，每年来这里旅游的人不计其数。可是在20世纪90年代初至21世纪初的10年间，这座古城却发生了抢劫、强奸、绑架、入室盗窃等一系列大案重案，涉黑犯罪猖獗、命案累累，治安混乱、民心不稳，群众意见很大，反应十分强烈。

面对严峻的社会治安形势，任长霞感到肩上的担子沉甸甸的。刚到警局的时候，大家一看是一位小个子的女同志，纷纷投来质疑的目光。任长霞刚接手的公安局是一个烂摊子，组织软弱，纪律涣散，破案率低，陈年旧案积累了一大堆。老百姓怨声载道，指责他们光吃饭不干事。人民警察的光辉形象在群众中一落千丈。

上任伊始，任长霞就按照自己的思路和节奏展开了工作。首先，要有一个坚强有力的党委领导班子。为了把党委领导班子建设好，她经常在夜间召开党委会，一开就是好几个小时。其次，整顿队伍，严肃警风，提升干警的全面素质。为了提升干警的身体素质，她每天早上亲自领着大家晨跑。此外，她一有空就下乡镇和基层，开展突击考察调研，倾听民声，能现场解决的问题绝不拖拉。经过一段时间的整顿，全局上下的风气和氛围焕然一新，各项工作开展得井井有条。

"百日破案会战"，这是她刚来登封没几天制定的工作部署。在任长霞和局党委的带领下，全局上下俨然形成了一种大决战的气氛。各部门的同志相互配合、各司其职，该实地勘察的实地勘察，该整理卷宗的整理卷宗。大家就像上了发条的钟表一样，一下子全都转动起来，争分夺秒地同犯罪分子展开斗争。在开展"百日破案会战"活动里，任长霞身先士卒、雷厉风行，做事果断刚毅、铁面无私，以自己强硬的工作作风和亲民的个人魅力在短时间内破获了"4·15"抢劫强奸杀人焚尸案、"4·18"绑架小学生案、"5·28"冠子岭杀人案等一大批重案要案，重新赢得了人民警察为人民的声誉，在老百姓当中树立起了良好的口碑。

在上任后的短短几个月内，任长霞就已经破获大案小案近200起，抓获犯罪嫌疑人1000多人，挽回经济损失600多万元。这时乡亲们终于看到了希望：替咱说话的人没想到竟是小个子的女局长任长霞。大家一改以前胆小怯懦的心态，有冤的申冤，纷纷登门申诉，终于能够将他们心中的苦水倒出来了。

一天早上，登封市公安局的大门口围满了200多名乡亲，黑压压的一片。前排的几位乡亲一边哭一边高举着亲属的遗像，他们要见任局长，要见一见这位为民办事的任青天和女包公。任长霞命令门卫打开大门，将乡亲们迎进大会议室，亲切地同乡亲们攀谈起来。大家纷纷向任局长控诉黑社会头头王松的残暴行径。以王松为首的非法组织是带有黑社会性质的势力集团，在白沙湖一带横行霸道，收取保护费，无故殴打村民，组织妇女卖淫等等。老百姓早已恨之入骨，民愤极大。在了解清楚了事情的来龙去脉之后，任长霞拍着胸脯答应乡亲们：一定为他们做主，定将王松早日捉拿归案，绳之以法。

但是，当谈到搜集证据的时候，乡亲们不约而同地都低下了头，变得犹豫起来。原来大家心中都有所顾虑，怕遭到王松的报复。在任长霞耐心地劝说和心理安慰下，大家逐渐地放下了心理包袱。经过近半年的密查暗访，抓捕王松的时机已经成熟。一天，任长霞设计将王松诱骗到公安局，不费一枪一弹就将其拿下，其团伙成员也一一落网。至此，王松特大涉黑集团终告覆灭。

此后的几年里，在任长霞的带领下，登封的社会治安有了根本好转，逐渐恢复了往日的安宁，整个城市到处洋溢着一片祥和欢乐的气氛。可是，

天有不测风云，意外总是来得太突然。2004年4月14日晚，任长霞赴外地出差办案返回登封的途中，遭遇严重车祸。虽经4个小时的全力抢救，但终因伤势过重，任长霞不幸以身殉职，年仅40岁。

登封市民闻讯后，无不掩面痛哭、泣不成声，整个城市上空笼罩着一层悲痛的阴云。20万群众自发赶来为她送行，想要最后看一看这位党和人民的好女儿、老百姓心目中的"女青天""女包公"。正如"感动中国2004年度人物"颁奖词说的那样：她是中原大地上的又一个女英雄。扫恶打黑，除暴安良，她铁面无私；嘘寒问暖，扶危济困，她柔肠百转。十里长街，白花胜雪，挽幛如云，那是流动在百姓心中的丰碑！一个弱女子能赢得百姓的爱戴，是因为，在她的心里有对百姓最虔诚的尊重！

永恒丰碑

任长霞的英雄事迹感天动地，她的崇高精神和人格魅力主要体现在以下几方面：（一）立警为公，执法为民。她一身正气，在邪恶势力面前铁面无私，大义凛然。在扫黑除恶斗争中，她身体力行，机智勇敢，有力地打击了当地的黑恶势力，保护了人民群众的生命财产安全，成为人民群众心目中的"女青天"。（二）热爱人民，公仆本色。她真诚为民，在人民群众面前柔情似水、情真意切，急群众所急，解群众所难，努力维护他们的切身利益，深受人民群众的爱戴。（三）忠于职守，无私奉献。她有强烈的初心情怀和使命意识，曾不辞艰辛，辗转千里办案；她从严治警，打造出一支坚强、优秀的公安队伍；她无私无畏，从不为金钱、人情所动，执法公正廉明。大道无形，大德无碑，党的好女儿任长霞用热血和生命书写了共产党人的忠诚本色，在人民心中铸就了一座永恒的精神丰碑。2009年9月，她被评为"100位新中国成立以来感动中国人物"之一；2019年9月，被授予"最美奋斗者"荣誉称号。

英 雄 儿 女

林俊德：
大漠深处的"倔强马兰"

　　1938 年 3 月，林俊德出生于福建省永春县介福乡紫美村。那时的中国正遭受着日本帝国主义列强的野蛮侵略，整个社会兵荒马乱、民不聊生。由于从小家境贫寒，父母无力负担学费，林俊德曾被迫辍学。新中国成立后，他依靠政府助学金重返学校。

　　1955 年，林俊德以优异的成绩考入了浙江大学机械系机械制造专业。他万万没有想到像他这样穷苦出身的孩子有朝一日也能踏进大学的殿堂。因此，他格外珍惜这来之不易的学习机会，恨不得能利用一切时间来提升自己。在大学里，林俊德的学费和生活费全部由国家负担，老师和同学们还在班上为他组织募捐。林俊德深知，如果没有共产党，没有新中国，没有社会主义大家庭，就没有自己的一切。他暗下决心，一定要刻苦学习，将来用知识和本领来感谢党，报效国家。

1960 年 9 月，林俊德从浙大毕业后，携笔从戎，应征入伍，被分配到国防科工委下属某研究所。报到的第二天，所领导对他说："国家正在西北建设一个核试验场，把你挑过来，就是去那里工作。"林俊德非常兴奋，感到他施展抱负、报效国家的机会终于来了。不久，林俊德就被派往哈尔滨军事工程学院进修核试验专业。经过一段时间的系统学习，他被上级秘密地派往西北大漠，参与中国第一颗原子弹的研制工作。从此，他西出阳关，一头扎进"死亡之海"罗布泊，开始了他的核试验人生。

当时，由于中苏关系恶化，苏联撤走了全部专家并带走了所有的技术设备和资料。可以说，我国的核试验事业就是在"一穷二白"的基础上起步和艰难进行的。1963 年，林俊德被任命为核试验地面监测组组长，主要任务就是要研制出能够准确测量核爆冲击波数据的仪器。由于苏联和西方势力的封锁，可供他们参考的资料十分有限。仪器长什么样？怎么样运转？使用什么样的原材料制作……这一系列的问题困扰着大家。但林俊德并没有气馁，他反复地查阅资料，赴实地调研，做了成百上千次的实验，最终受到钟表的启发，用闹钟的发条作为动力源，发明了一种压力自记仪器。就这样，林俊德带领年轻的技术骨干成功地解决了困扰人们多年的世纪难题。

1964 年 10 月 15 日，也就是在原子弹爆炸的前一天，林俊德带领他的团队将自制的压力自记仪器埋在距离爆炸中心 10 公里处的地下，为的就是能在第二天原子弹爆炸后拿到第一手资料和数据。他的组员王为编不免有些担心，毕竟是第一次见这么大的阵势，于是问他："组长，你怕不怕？"林俊德目光坚定，语气果断地说："我不怕，我们等的不就是这一刻吗？"几年来，数万名科研人员扎根西北边陲、大漠深处，隐姓埋名数十年，睡帐篷、吃野菜。如今，他们的荣光时刻就要到来了！

1964 年 10 月 16 日，伴随着一声惊天动地的巨响，一朵巨大的蘑菇云在罗布泊上空腾起，我国第一颗原子弹爆炸成功。现场的工作人员无比激动，纷纷握手拥抱，欢呼雀跃。现场总指挥张爱萍将军立即拨通了中南海周总理办公室的电话，想要第一时间向毛主席和周总理汇报这一喜讯。周总理十分谨慎，他小心翼翼地问道："如何证明这是核爆，而不是一般的化学爆炸呢？"核武器的试验是一项关系国家安全的重大事件，不能出一丁点儿的差错，弄不好会闹出国际笑话，因此必须要有可靠的数据来源做支撑。

就在大家一筹莫展的时候，三名身穿防护服的工作人员从原子弹爆炸的方向跑过来了，他们手里捧着一个铁盒子，里面存放的正是大家急需的核爆数据。跑在最前面的便是 26 岁的林俊德。一回到基地，他便带领大家开始了精密而又细致的计算工作，数据核实了一遍又一遍，计算了一次又一次，生怕出现任何纰漏。大约一个小时之后，他高兴地向大家宣布："结果出来了，2 万吨当量，是核爆。"张爱萍将军高兴地拍着林俊德的肩膀说："你们立了大功啊！"随后，他再一次拨通周总理的电话，斩钉截铁地告诉总理是核爆。当天晚上，周总理代表党中央和毛主席在人民大会堂庄严地向全国人民宣告了这一喜讯。从此，中国人民打破了西方国家的核垄断和核讹诈，提高了我国的国际地位。

原子弹的成功爆炸极大地鼓舞了全国人民的斗志，提振了科研人员的士气，充分证明没有什么困难能够吓倒英雄的中国人民。原子弹爆炸成功后，林俊德团队没有离开，没有解甲归田，而是继续坚守，扎根大漠深山，又开始进行氢弹的研制工作。俗话说："万事开头难。"虽然原子弹和氢弹同属核武器序列，但设计原理和爆破方式却不尽相同。氢弹的设计原理和制作工序更为复杂，爆炸所释放的能量也更大。为了获得良好的试验效果，我国决定采用空投方式来引爆。这样一来，冲击波的测量工作也必须在空中进行。原先测量原子弹爆炸时使用的压力自记仪就不能用了，必须重新研制。由于高空天气寒冷，仪器必须能够在极低的温度下正常使用。于是，林俊德带领科研团队爬上海拔近 3000 米的雪域高山测试仪器的性能。西北的冬天寒冷而干燥，阵阵寒风就像一把把冰刀一样不断地刺向他们的脸颊和胸膛。林俊德是南方人，手脚已被冻得失去了知觉，但他仍然顶着寒风冲在最前面，带领团队完成了极寒天气下的实验任务。最终，在林俊德的主导下，他的团队成功地研制出了高空压力自记仪。1967 年 6 月 17 日，我国第一颗氢弹爆炸成功，林俊德再一次出色地完成了数据采集任务。当核试验从大气层转入地下后，他又开始带领团队解决地下核爆炸力学测量这个世界性难题。他刻苦攻关 20 多年，先后建立 10 多种测量系统，为国家的地下核试验安全论证和工程设计提供了宝贵数据。

从 1964 年第一颗原子弹爆炸到 1996 年最后一次地下核试验，我国总共进行了 45 次核试验，林俊德是唯一的全程参与者。30 多年来，他把家安在了罗布泊大漠中的核试验基地——马兰，将自己一生中最美好的青春年华奉献给了祖国的国防事业，在西北大漠的戈壁滩上，挥洒着自己的青春和热血。1960 年大学毕业后，他便从老师、同学和亲人们的视野中消失了，大家都不知道他去了哪里。他的妻子也是搞核试验的，他们忙于共同的核事业，聚少离多，连孩子的抚养教育也顾不上，女儿和儿子一生下来就被寄养在外婆家。在国家和家庭面前，林俊德毫不犹豫地选择了前者。

2012 年 5 月 4 日，林俊德在北京 301 医院确诊为胆管癌晚期。由于常年工作在核试验的第一线，难免会接触到核辐射，再加上没日没夜地忘我工作，林俊德终于病倒了。大家以为他终于能够静下心来好好地歇一歇了。但是他为了能在自己所剩不多的时间里保持一定强度的工作状态，谢绝了医院提出的化疗方案，坚持通过药物来调理。为了便于工作，林俊德请求转入西安第四军医大学唐都医院。入院第二天，他就不顾医护人员的劝阻，极力请求医护人员允许他将笔记本电脑带入病房。

2012 年 5 月 26 日，林俊德的病情突然加重，呼吸急促，随时都有生命危险。医院赶紧将他转入重症监护室。醒来后他说的第一句话就是："我是搞核试验的，一不怕苦，二不怕死，我在这里无法工作，请把我转入普通病房。"医护人员含着眼泪答应了他的请求。转入普通病房的林俊德与死神展开了激烈赛跑，他将自己的学术思想和技术思路整理之

后保存到电脑里交给学生。5月29日，林俊德的身体出现大面积的肠梗阻，医生建议他立即动手术，而这一次他又拒绝了医生的建议。因为他知道一旦化疗或者手术，他就再也起不来了。他反复说的一句话就是"我的时间不多了"。5月30日，他的病情再一次恶化，如果不进行手术，随时都有可能离去。这一次他还是拒绝手术，选择继续工作。2012年5月31日，在连续工作了5小时之后，林俊德终于答应躺下休息一会儿。可这一躺下，他就再也没有醒来……

弥留之际，林俊德留给组织的最后一句话就是"把我埋在马兰"。他扎根大漠50余载，忠于职守，献身使命，为国防科技事业战斗到生命的最后一息，俨然罗布泊大漠里顽强绽放的马兰花。"铿锵一生，苦干惊天动地事；淡泊一世，甘做隐姓埋名人。"马兰基地官兵送的这副挽联，是对林俊德一生最精准的概括。

永 恒 丰 碑

林俊德是我国爆炸力学与核试验工程领域著名专家，携笔从戎50余载，始终忠诚党的事业，矢志强军报国。他长期扎根戈壁大漠，坚守科研实验一线，为铸就国防盾牌、挺起民族脊梁鞠躬尽瘁、死而后已，直到生命的最后一刻，他依然忘我工作，展现了一个战士"生命不息、冲锋不止"的壮美人生。他之所以能够"苦干惊天动地事，甘做隐姓埋名人"，源于他爱党真诚、爱国深沉、爱事业执着；源于他常怀感恩之心，常砺报国之志，常思强军之责。林俊德以75载的奋斗者人生彰显了伟大的"两弹一星"精神和科学家精神。跨越时空，林俊德的崇高精神和品格将继续激励新时代的奋斗者乘风破浪，勇往直前。2018年，中央军委批准增加"献身国防科技事业杰出科学家"林俊德为全军挂像英模；2019年9月，被授予"最美奋斗者"荣誉称号。

08 红船依旧，信仰永恒

2012年党的十八大选举产生了以习近平同志为总书记的新一届中央领导集体，标志着开启了具有许多新的历史特点的伟大进程，中国特色社会主义新时代的大幕徐徐拉开。2017年党的十九大正式宣告中国特色社会主义进入新时代，迎来了实现中华民族伟大复兴的光明前景。2021年中国共产党成立100周年，实现了第一个百年奋斗目标。扬帆百年，红船的罗盘始终对准着太阳升起的地方。

新时代，新气象。党的十八大以来，以习近平同志为核心的党中央坚定不移实行改革开放，统筹"五位一体"总布局和"四个全面"战略布局，把中国特色社会主义事业全面推向前进，党和国家事业发生历史性变革，取得历史性成就，解决了许多过去想解决而没有解决的难题，办成了许多过去想办而没有办成的大事。如2019年中华人民共和国成立70周年之际，我国人均GDP突破了一万美元。在极不平凡的2020年，我国先后取得了疫情防控阻击战的决定性胜利，创造了令世界瞩目的壮举；全面打赢了脱贫攻坚战，消除了绝对贫困，创造了彪炳史册的人间奇迹！

辉煌成就的背后离不开新时代共产党人的顽强拼搏和忘我奉献。他们中，有的在危急关头挺身而出，忠诚报国，舍己为民，用实际行动证明了"世上没有从天而降的英雄，只有挺身而出的凡人"；有的把青春奋斗融入党和人民事业，自愿放弃城市优渥的工作和生活条件，毅然投身于革命老区脱贫攻坚第一线，用臂膀扛起如山的责任，展现了青春激昂的风采；有的祖孙三代接力戍边，不畏艰险守卫神圣国土，捍卫祖国尊严，危难时刻更是挺身而出、见义勇为，不惜献出自己宝贵的生命。他们是信仰的忠实传承者和践行者，是新时代的最美奋斗者。正是因为他们对信仰的坚守和践行，让伟大的建党精神、井冈山精神、苏区精神、长征精神、延安精神、抗战精神、红岩精神、西柏坡精神、东北抗联精神、抗美援朝精神、"两弹一星"精神、雷锋精神、改革开放精神……在新时代焕发出崭新的活力。

秀水泱泱，红船依旧；时代变迁，信仰永恒！

在信仰之光的照耀下，在信仰精神的感召下，党带领人民披荆斩棘，走过了万水千山，走进了第一百个绚烂的春季，迸发出全面建设社会主义现代化强国的磅礴伟力，为实现中华民族伟大复兴的中国梦踔厉奋发，勇往直前！

英雄儿女

黄文秀：
战地黄花分外香

寒门学子，一心苦读，学成归来，回报故土。黄文秀是一个大山里的孩子，和千千万万大山里的年轻人一样，对山外的世界充满着好奇和渴望。但和有些从大山里走出去再也不愿回头的年轻人不一样的是，她选择将青春的汗水与热血反哺这片生她养她的土地。她，绽放了属于她的青春光彩，也永远地留在了这里。

1989 年 4 月 18 日，黄文秀出生于广西壮族自治区百色市田阳县今田阳区的一个普通农民家庭。家里的条件十分有限，再加上父母亲的身体不好，黄文秀自小就知道要努力学习，尽量减轻家里的负担。终于，她的努力没有被辜负，2008年她顺利地考入山西省长治学院思想政治教育专业。

大学期间，在政府扶贫资助和父母辛苦支持下，她圆满地完成了学业。当提到为什么千里迢迢到山西长治读书并选择思政专业时，黄文秀是这样说的："我们百色是革命老区，长治也是革命老区，都是邓小平战斗过的地方，我想到这个地方来。""没有政府的扶贫资助，家里不可能供我上大学。我选择读思政专业，是发自内心的。"一颗心，两座城，早已经紧紧地联系在一起，一粒回报家乡、回报社会和回报祖国的种子早已经播撒在黄文秀的心田。

军训刚一结束，黄文秀就积极主动地写好了入党申请书，郑重地交给了辅导员。她每个月都会认真主动地向党组织提交思想汇报，还经常去图书馆借阅马克思主义经典文献，刻苦学习，并与老师深入交流，每一朵思想的火花都被她密密麻麻地记录在读书笔记中。对一些同学来说，思政知识比较枯燥，但黄文秀却总是如饥似渴地"啃"着，力求深入学习。经过不断努力，她克服地域教育差异和语言障碍，成绩突飞猛进。2011年6月，品学兼优的她光荣地加入了中国共产党。

为了更好地提升自己的综合素质和能力，以便能为家乡的父老乡亲做出更大的贡献，黄文秀选择了继续深造。在她的坚持和不懈努力下，终于如愿考入了北京师范大学，成为一名硕士研究生。2016年，黄文秀硕士毕业，面临人生的一次重要抉择。"你入了党，要为党工作，回到家乡做一个干干净净的人民公仆。"父亲的教诲坚定了她返乡的决心，于是她作为一名优秀选调生进入百色市委宣传部工作。2018年3月，她主动来到乐业县新化镇百坭村担任第一书记。而此时她的父亲却不幸身患癌症。

百坭村依山傍水，自然风景秀丽，但"贫困村"的帽子怎么也摘不掉。全村 472 户中有贫困户 195 户，且全村 11 个自然屯位置分散，多个屯距村部都在 10 公里以上，扶贫任务十分艰巨。为了能尽快推进工作，她积极向有经验的同事请教，挨家挨户调查了解情况，但一开始她的工作就遇到了阻力。因为她是女娃，再加上她非常年轻，村民们都不信任她，也不放心把自己的事情交给她，更不相信自己能在一个年轻女娃帮助下实现脱贫。黄文秀要么被拒之门外，要么得不到村民们的任何回应。即使这样，她也从没有闪过一丝放弃的念头。白天她继续走访贫困户，为了融入百坭村，她学习桂柳话，用方言与村民拉家常。为了走进村民

的心中，她帮助村民干农活，要么打扫院子，要么直接到地里摘砂糖橘、收玉米，边干活边了解村民的实际生活情况，调查村民对脱贫的想法，分析百坭村的致贫原因。为了尽快帮助村民脱贫，晚上她与村党支部和村委会成员一起研究脱贫对策，累了就一个人住在村部一间不足 10 平方米的小屋里。

终于，黄文秀的真诚热情和认真朴实的工作作风打动了村民。村民们不再紧闭心扉，而是把这位年轻的第一书记当作自家人来对待，纷纷欢迎她来家里了解实际生活情况，希望她能帮助解决问题。

要想真正让乡亲们摆脱贫困，让全村奔小康，仅仅依靠国家的扶贫政策和资金支持是远远不够的。要让老百姓的钱袋子真正鼓起来，关键还是要因地制宜发展特色优势产业，只有这样才能彻底挖掉穷根子。百坭村气候湿润，光照充足，特别适合种植砂糖橘。黄文秀在和其他村干部共同商议后，决定推选种植大户班统茂担任第一致富带头人，但是没想到却被班统茂拒绝了。班统茂认为自己没有多少种植技术，很难带领村民脱贫。此外，百坭村道路崎岖，没有一条像样的水泥路。一到下雨天，山路泥泞，坑坑洼洼，果子掉到地下，全部烂掉，根本卖不出去。黄文秀看在眼里急在心上，她一方面为了解决村里道路不通畅的问题，不辞辛苦地多次跑到县里，积极申请项目，筹措资金，推进道路工程建设，硬化了 1.5 公里通屯路，安装了路灯，修建了蓄水池，逐步改善了村里的生产生活条件；另一方面为了提高砂糖橘产量，她聘请农业专家给村民们传授种植技术。大家着实被她热情实干的精神所感动。在她的带领下，大家心往一处想，劲往一处使，撸起袖子加油干。班统茂也答应当大家的致富带头人，并帮助村民消化吸收技术人员传授的种植管护技术。

功夫不负有心人。仅仅过了一年，百坭村的砂糖橘产量就从 6 万多斤飙升到了 50 多万斤。产量是上去了，可是大家又开始为销路皱起了眉头。于是黄文秀昼夜不停地通过电商网络平台联系买家，发广告、做传单。没过几天，一批购橘大客户就出现在了百坭村。这一年，跟着班统茂干的村民有好几家收入都超过了 10 万元。班统茂常年居住的毛坯房经过一番修缮也变成了小洋楼。

黄文秀在日记里写道："我有许多的想法……"她为百坭村勾勒出了一幅宏伟的蓝图，一步一个脚印地带领乡亲们去实现他们的小康梦。为了解决村民韦乃情孙子的户口问题，黄文秀亲自跑到镇上帮忙办理；为了解决村里多年的用水问题，黄文秀带着村民修建了一个个蓄水池；为了解决贫困户梁家忠孩子的上学费用问题，她帮他们申请"雨露计划"，还时常自掏腰包提供经济援助；为了方便村干部的工作，她将自己的私家车开到村子里当公用车；为了实现产业脱贫，她通过实地勘察，提出立足村里现有资源，综合发展杉木、砂糖橘等特色产业；为了将村里的东西卖出去，她又带着村民搞网络销售，发展电商。为了提高效率，方便平时工作，黄文秀亲手绘制了百坭村"贫困户分布图"，这张图上详细记载了每一户家庭情况；到 2018 年，百坭村的贫困发生率已经从2017 年底的 22.88% 降至 2.71%！村级集体经济的收入达到了 6.38 万元，实现翻倍增收。她坚持扶贫与扶志相结合，注重乡村文明建设，不但组织成立"乡村振兴、青年作为"小志愿者服务队，还开展村规民约吟诵比赛和文明家庭评选活动，百坭村因此荣获百色市 2018 年度"乡风文明"红旗村的荣誉称号。

2019 年的 6 月 16 日，黄文秀利用周末时间去看望刚刚做完手术的父亲。当得知晚上会下暴雨时，她第一时间想到的是村里会有受灾风险，于是不顾父亲的极力劝阻，坚持要开车赶回村子，布置防汛抗洪工作。

途中她还不断打听情况，关注着村里的灾情，惦念着村民的安危。可谁能想到，在往村里赶的山路上，黄文秀被突然出现的山洪无情地吞没……这一年，她才仅仅 30 岁。黄文秀从大山走出又回到大山，以满腔的青春热血走上脱贫攻坚的第一线。她脚踩大地，胸怀祖国，用青春扎根基层，把深情奉献乡土，以短暂而精彩的一生诠释了共产党人的初心使命，谱写了新时代的青春之歌。正如"感动中国 2019 年度人物"给她的颁奖词说的那样：有些人从山里走了，就不再回来；你从城里回来，却再没有离开。来的时候惴惴，怕自己不够勇敢；走的时候匆匆，留下最美的韶华。百色的大山，你是最美的朝霞；脱贫的战场，你是醒目的黄花。

永 恒 丰 碑

奋斗是青春最亮丽的底色，奉献是青春最美丽的姿态。黄文秀从山里走出去，又回到山里来。这一去一回，实现了她从莘莘学子到驻村第一书记的身份转换。她把个人的前途命运与党的初心使命相对接、与国家的伟大事业相对接、与人民的迫切需要相对接，义无反顾地奔赴脱贫攻坚第一线。她坚守初心，时刻关心百姓的冷暖，同人民群众想在一起、干在一起，真心实意地解民所难、帮民所需，以自己的"辛苦指数"换取群众的"幸福指数"。从她的身上，我们看到了新时代共产党人全心全意为人民服务的赤子之心、奋斗英姿和使命担当。黄文秀把美好的青春献给了人民群众，把宝贵的生命献给了脱贫攻坚事业，以短暂而充实的一生诠释了共产党人的初心使命和伟大的脱贫攻坚精神，谱写了新时代的青春之歌。她的精神品格必将激励新时代的广大青年以昂扬的精神风貌接续奋斗，书写出绚丽多彩的人生篇章。2021 年 2 月，黄文秀被授予"全国脱贫攻坚楷模"称号；同年 6 月，中共中央授予她"七一勋章"。

英 雄 儿 女

刘智明：

最美"逆行者"，抗疫"工作狂"

1969年1月，刘智明出生于湖北省十堰市。从小学习成绩优异的他于1991年从武汉大学医学院顺利毕业，被分配到十堰市郧阳区人民医院外三病区从事神经外科临床工作。他所在的科室卧虎藏龙、人才济济，先后有多名医生走上领导岗位，被人们戏称为"院长科室"。

1995年，由于工作能力突出，刘智明被上级调往武汉市第三人民医院工作。在这里，他的医生生涯首先是从急诊科起步的，因为急诊科最能考验一个人的应急处置能力。刚入职的时候，刘智明就给同事们留下了深刻的印象：高大帅气，文质彬彬，待人谦和。医院的工作压力大、任务重，难免会经常加班。刘智明就主动给加班的同事们订餐带饭。大家一致认为他是一个重情重义的汉子。工作中，刘智明沉着冷静，胆大心细，做事雷厉风行，经常牵头处理一些突发性医疗事件并能圆满完成任务，这是大家对他的中肯评价。

刘智明学历高，知识渊博，处理突发性事件经验丰富、游刃有余，因此院里的医生和护士们经常围坐在他的周围向他取经，要么跟着他查探病房，要么跟着他一起进入手术室。总之，他走到哪，大家就跟到哪。在医院里，病人的情绪普遍焦躁不安，再加上受到身体和精神的双重影响，难免会发生一些医患关系紧张的情况。在这个时候，他总是第一个勇敢地站出来控制场面、调节气氛，消除患者的不满情绪，同时也帮助自己的同事解围，缓和尴尬的局面。他的业绩大家有目共睹，上级也发现他是一个不可多得的人才。2006年7月刘智明光荣地加入了中国共产党。

2013年，上级决定派刘智明到武昌医院担任院长。他深感使命光荣、责任重大，更加以全身心的热情投入到工作之中。在同事面前，他没有一点院长的架子，同事和患者与他交流没有任何的心理负担。百忙之中，他还经常深入医院一线了解同事的难处和患者的难事，能解决的他尽量解决，能办到的他尽量办到。日复一日，年复一年，他总是紧张而又忙碌地穿梭在医院的各个角落。

2020年初，一场突如其来的新冠肺炎疫情在中国大地肆虐，改变了所有人的生活方式和节奏。1月21日下午，武昌医院被确定为发热患者定点治疗医院。与此同时，上级要求武昌医院在两个小时内将医院的门诊部改设为发热门诊部并作为留观病房使用，医院里原先住院的499名病人必须在两天之内全部转移，以便空置出500张床位供新冠肺炎患者使用。下午6时，医院开启发热门诊服务，全院人员随即进入战时状态。

在短时间内改造医院并不像大家想的那么容易，设备的转移，人员的调配，患者的护送，物资的运输……任何一个环节都要协调配合好，做到心中有数，以防出现任何纰漏。在短短的两天里，刘智明亲自谋划，亲自部署，大部分时间都坐在一线指挥部统筹调度，连续几天几夜都没有闭眼休息。可是谁也没有想到，他是带病坚持上岗，没有对任何人诉苦，包括他的妻子蔡利萍。在连续几天高强度、高负荷的劳累之后，刘智明病倒了。起初他以为只是普通的感冒，吃点药就好了，就没有太在意。后来他的症状越来越明显，低烧持续不断并伴有哮喘，身体虚弱出汗。于是，为了保险起见，也为了共同战斗在一线战友们的健康，他决定去做个CT检查。

2020年1月24日，CT影像结果显示肺部严重感染，随后的核酸检测报告确诊为阳性，刘智明也不幸感染了新冠病毒。很快，他就被转入武昌医院的重症监护室进行隔离和精心治疗。在ICU里，刘智明的身份虽然变了，但救死扶伤的使命却没有放下。他并没有把自己当作一名普通的病人来安心地接受治疗，依然在履行院长的职责，忘我地坚持工作。在病房里不能出去，他就通过微信和电话与外面的同事频繁地联系，过问工作落实情况，如检测试剂盒到位了没有？人员配备是否齐全？病人接受和转移的工作是否顺利？等等。事无巨细，只要能想到的他都过问，能管的他都管，生怕有任何做得不周到的地方。

作为妻子同时也是抗疫战友的蔡利萍无时无刻不在担心刘智明的身体安危。蔡利萍在武汉市第三医院光谷院区上班，同时还担任ICU的护士长，工作也是非常繁重和忙碌。在这场空前激烈的抗疫战斗中，夫妻俩聚少离多，平时只能通过微信联系。好几次蔡利萍含着热泪请求去照顾他，但是都被他拒绝了。一方面他不想让妻子看到自己生病后狼狈不堪的样子，因为那样反而会让妻子心理负担过重，更加担心自己；另一方面，刘智明也懂得妻子工作的重要性，整个 ICU 的运转和护理都由她负责，那里有更多的病人需要她来照顾。与此同时，她还带着一群 90 后的护士团队，她不能离开，她得起到稳定军心的作用。刘智明就是这样一个人，永远把别人放在第一位，即使生病了也顾不上考虑自己。

作为武昌医院 ICU 的主任和刘智明的主治医师，徐亮全程负责刘智明在重症监护室的救治工作。徐亮是看在眼里，急在心上。他曾苦口婆心地多次劝说刘智明："你现在不是院长，而是病人，你要听我的。"因为徐亮知道刘智明对医院和患者的重要性，他不能倒下。只有他康复出院了，才能带领大家更好地抗疫。可是刘智明却微微一笑地说："没办法，我是院长啊，丢不下啊！"从白昼到黑夜，从病床到窗户，在狭

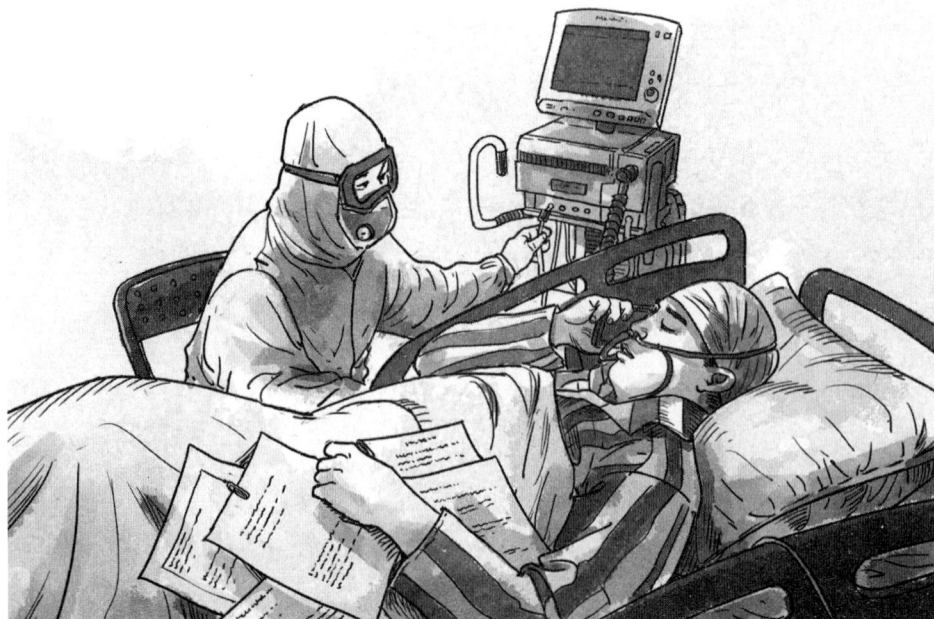

小密闭的病房里，刘智明始终心系同事，心系患者。

ICU俗称"患者生命的最后一道防护线"，因此，在ICU治疗的一段日子里，他也学会了换位思考，理解了患者们的难处。就连身经百战、心理素质强的医生住在这里都感觉到压抑和不安，更别说患者了。他经常叮嘱徐亮和其他同事一定要做好患者的心理疏导工作，同时加固病房的窗户以免发生意外。考虑到患者的食欲不振，他还提醒医务人员注意营养搭配。从小事做起，从细节入手，从患者最关切的问题出发，刘智明思考得十分深入细致。

与刘智明同处一间重症监护室的欧女士，比刘智明早几天进来。她第一次在病房见到刘智明时，并不知道他就是这家医院的院长。身材高大、气宇轩昂是他留给欧女士的第一印象。在后来的接触中，她得知了刘智明的真实身份。刘智明心态良好、乐观积极，总是鼓励其他病友，增强他们战胜疾病的信心。他还总是乐于助人，欧女士加了刘智明的微信后，时不时地就和他聊天，向他咨询一些疾病方面的问题。欧女士的小腿有些抽筋，双腿肌肉有些萎缩。刘智明就提醒她要多锻炼，多补钙。"他总有办法安慰我、鼓励我。"欧女士说。

2月3日，武昌医院神经外科副主任前去ICU探望他。此时，他戴着氧气面罩，身体十分虚弱，已经说不出话来，并且伴有严重的咳嗽。刘智明只得用手比出大拇指的手势，目的就是要让大家放心，他现在很好。大家都以为老天爷会眷顾这位顽强的白衣战士，期待病情向好的方向转变。

2月4日，刘智明的病情加重，不得不用上了呼吸机。蔡利萍得知这一消息后，赶忙利用空闲时间给丈夫拨打了多次微信视频通话，但都没有应答。过了很久，她才等到丈夫的回应。她哭喊着说："我来陪你吧！"可是这一次，刘智明依旧婉拒了妻子的请求。2月10日，刘智明在医护人员的陪同下，迎来了他的 51 岁生日。谁曾想到，这竟是他过的最后一个生日。

2 月 14 日，刘智明的病情突然进一步加重，被迫转移到同济医院中法新城院区。在家人眼里，他的身体向来很好，基本不生病，凭他的体质在新冠病毒面前应该能扛得过去。亲人们在病房外整整守候了两天，大家都期待着幸运之神能够降临到他的身上。可是，奇迹终究没有出现。2 月 17 日，医院采取了最后的抢救措施，对他实施了多次 ECMO 人工心肺急救，但他的病情依旧没有一丝好转，不幸于 2020 年 2 月 18 日永远地离开了他心心挂念的工作和患者。当殡仪车开走的时候，蔡利萍哭着追了很久很久……

永 恒 丰 碑

沧海横流，方显英雄本色；风高浪急，更见砥柱中流。2020 年年初，在来势汹汹的新冠肺炎疫情面前，广大医务工作者白衣为甲，勇敢逆行，义无反顾地战斗在抗疫一线，全力拯救人民的生命。刘智明就是这个群体中的优秀代表。在武汉保卫战中，他闻令而动，带病上岗，夜以继日地指挥部署全院抗疫工作，率领同事们向疫魔发起了一次又一次阻击战；他以生命赴使命，身先士卒，奋不顾身，与病毒短兵相接，与死神争分夺秒，用大爱护佑众生；直到感染新冠病毒并住进 ICU 病房时，仍然履职尽责、忘我工作，最后以身殉职，用生命谱写了一首凡人英雄的壮歌，彰显了伟大抗疫精神的力量。他的英雄事迹充分展现了中国共产党人一心为民的理想信念和坚守初心、献身使命、无私无畏、英勇奋战、忠于职守、甘于奉献的崇高品格，将永远激励人们担当作为、砥砺前行。2020 年 4 月，他被湖北省人民政府评定为烈士；2020 年 9 月，被追授"全国抗击新冠肺炎疫情先进个人"和"全国优秀共产党员"称号。

英 雄 儿 女

拉齐尼·巴依卡：
守边护国的"帕米尔雄鹰"

  1979 年 4 月，拉齐尼·巴依卡出生于新疆维吾尔自治区塔什库尔干塔吉克自治县提孜那甫乡。这里位于帕米尔高原的腹地，与巴基斯坦、阿富汗、塔吉克斯坦以及克什米尔地区接壤，边境线长达 888 公里，地势险要，常年冰雪封山，战略位置极其重要。拉齐尼在塔吉克语中是雄鹰的意思。因此，父辈给他取名为拉齐尼就是希望他能像一只展翅的雄鹰一样，翱翔于昆仑山，驻守于帕米尔，为祖国和人民守好边，护好疆。

  作为塔吉克族家庭，拉齐尼一家特别感谢共产党的恩情，没有共产党就没有塔吉克族今天的幸福生活。新疆解放前夕，拉齐尼的爷爷凯力迪别克·迪力达尔就被迫为驻守在这里的国民党边境巡逻队当向导，他们经常对凯力迪别克拳打脚踢，不把他当人看。1949 年 9 月 25 日，新疆和平解放，穷人翻身做了国家的主人。因为有了共产党，他们一家才有今天的幸福生活，并且日子越过越红火。

1949 年 12 月，中国人民解放军红其拉甫边防连正式成立。拉齐尼的爷爷凯力迪别克主动请缨当向导，为驻守在这里的边防连队带队巡逻，成为新中国成立之后的第一代护边员，这一巡就是 23 年。直到 1972 年，爷爷年老体弱，实在走不动了，这才退了下来。此后，他的父亲巴依卡·凯力迪别克接过爷爷的接力棒，继续为一茬又一茬的边防官兵做向导，这一干又是 32 年。现在，接力棒传到了拉齐尼自己的手中，他丝毫没有退缩，勇敢地担起了这份沉甸甸的责任。正是在他们祖孙三代的接续努力下，边防连指战员们的边境巡逻任务才能顺利地完成，他们才能一次次地与死神擦肩而过，化险为夷。

拉齐尼 12 岁开始跟着父亲巡逻护边。在这过程中，他逐渐学会了标记地图、勘察地形，熟悉了边境线上的每一块界碑、每一条河流、每一道山冈。慢慢地，面对紧急情况，他也能处置得游刃有余。2001 年，在家庭的影响下，拉齐尼光荣地参军入伍。在部队的两年，拉齐尼·巴依卡练就了一身过硬的本领，培养了忠诚、刚毅、果断和善良等一系列的优秀品质。2003 年，他从部队复员回到家乡，看到年迈的父亲身体每况愈下，已无法继续执行护边任务，于是主动提出代替父亲巡逻护边。就这样，2004 年他接过父亲手中的接力棒，成了一名不穿军装的"边防战士"。也是在这一年，他如愿加入了中国共产党。

帕米尔高原山高坡陡、地势险恶、高寒缺氧，常年白雪皑皑，是人迹罕至的极寒地带，气温最低能达到零下40摄氏度，生态环境十分恶劣。在塔吉克语中，红其拉甫意为"血染的通道"，这足以证明红其拉甫边防连官兵们所处的环境是多么的险恶。由于环境的特殊性，边防官兵无法独自完成巡逻任务，必须与熟悉当地环境地形的老百姓相互配合，在他们的带领下，才能完成巡逻任务。就这样，一代又一代的塔吉克族人默默付出、甘于奉献，帮助官兵们克服了前进道路上的各种艰难险阻，与边防官兵一起筑起了"家家是哨所、人人是哨兵"的钢铁长城。凯力迪别克、巴依卡、拉齐尼祖孙三代就是其中的杰出代表。

高原上的边境巡逻不像在平原地区那样可以使用现代化的交通工具。由于地形的限制和天气的影响，在帕米尔边境地区巡逻，要么靠徒步探路，要么骑着牦牛跋山涉水。因此，牦牛便成了唯一的交通工具。拉齐尼家里先后养了十几头牦牛，等到牦牛长大以后，他并没有像其他牧民那样卖掉换钱，而是将它们带到了边防线上，同边防官兵们一起执行巡逻任务。多年下来，他家的牦牛不是累死在巡逻路上，就是受伤失去了劳动能力。这对拉齐尼一家来说是一笔不小的经济损失，但他从未向组织主动要过一分一厘的补偿。为了祖国的边防事业，他不惜倾其所有。

在长达16年的巡逻中，拉齐尼年复一年地冒严寒、顶风雪，带领一茬又一茬的边防官兵在绵延数百里的边境线上书写了可歌可泣的感人故事。在拉齐尼第一次独自带队巡逻到一个叫吾甫浪沟的地方时，突遭暴风雪，视线十分模糊，大雪覆盖了前进的道路。队伍无法前进，只得在距离铁干里克不远的山谷中过夜休息。到了半夜，天气十分寒冷，官兵们被冻得瑟瑟发抖，嘴唇发紫，无法入睡。这时，拉齐尼想到以前父亲跟他说过的用牦牛身体取暖御寒的方法。于是，他便将所有的牦牛聚集起来围成一个圈，让官兵们待在圈里紧贴着牦牛厚厚的皮肤取暖。这样，他用牦牛的身体筑成一道坚实的墙壁来抵挡寒风的侵袭，让官兵们睡个好觉，安全地度过了暴风雪之夜。

第二天，队伍行进至铁干里克的时候，又遭遇山体滑坡。由于山体滑坡掩埋了父亲以前巡逻时留下的标记，他们只得沿着七八十度的陡坡小心翼翼地向前爬行。一些新入伍的战士从没遇到过这样危险的情况，心生怯意，焦急万分。这时，拉齐尼站起来说："再难再艰险我都会带你们渡过难关，放心吧！"就这样，官兵们在拉齐尼的带领下，在悬崖峭壁上蹚出了一条生命之路。在爬行过程中，山上不时有沙石滚落，由于躲闪不及，一块巨大的石头正好砸中了拉齐尼的头部，他的额头顿时鲜血直流，满脸是血。看到这一幕，官兵们纷纷劝他原路返回，等待救援。

可他却说这是任务，必须坚决完成，丝毫没有妥协。在经历了两个小时的生死考验之后，拉齐尼带着官兵们顺利脱险，找到了一条安全之路，最后回到了营地。

2011 年的冬天，春节快要到来了。由于大雪封山，车辆无法通行，前线哨所官兵的后勤供给无法及时补充，官兵们的生存面临严峻挑战。拉齐尼闻讯后，主动牵着自家的 3 头牦牛驮着物资无偿地给哨所官兵送去。前往哨所的山路崎岖不平，弯大坡陡，那天雪又下得特别大，根本分不清哪边是路哪边是悬崖。虽然这条路他走过无数次，对这一带也特别熟悉，但那一次对他来说却是生死考验。爬山的途中，他的身体必须紧贴着峭壁，一只手抓着缰绳，另一只手扶着货物。18 公里的盘山路，他一步一个脚印，硬生生地走了 4 个多小时。到了哨所之后，他的整个身体早已冻得失去了知觉，并且身体有多处冻伤。无论天寒地冻，无论刮风下雨，只要官兵们有需要、有困难，他总是冲在最前面。新时代的军民一家亲、军民鱼水情在他身上体现得淋漓尽致。因此，他被官兵们称誉为真正的"帕米尔雄鹰"。

然而，天妒英雄。2021 年 1 月 4 日的下午，正在新疆喀什大学参加汉语培训的拉齐尼和舍友木沙江走在去食堂打饭的路上，突然听到一阵急促的呼救声。"救命啊，救命啊！"一位母亲撕心裂肺地哭喊着。拉齐尼听到后，赶忙向呼救声传来的方向跑去。原来是一名小男孩在校园的湖面上玩耍，由于冰层较薄，不慎落入湖中。拉齐尼第一个跑了过去，趴在冰层上想要用手直接拉住小男孩。可谁曾想到，就在这时，冰面再次发生坍塌，拉齐尼也随即掉入湖中。此时，天空下起了鹅毛大雪，天气异常寒冷，水下的温度更是冰凉刺骨。小男孩的母亲想到了一个办法，她把自己脖子上的围巾摘下，将它抛给了拉齐尼，然后和木沙江两人准备合力将拉齐尼拖出湖面。但是，冰面坍塌的面积越来越大，两人也随即掉入湖中。拉齐尼不会游泳，但他始终用双手托举着这个 5 岁的小男孩，让他的头部露出水面，以保证他能正常呼吸。周边的群众报了警，救援人员及时赶到。经过近两个小时的奋力抢救，小男孩和他的母亲以及木沙江顺利获救。而最先跳入湖中的拉齐尼却因为体力不支沉入湖底，再也没有上来。他的生命永远地定格在那个午后，年仅 41 岁！

拉齐尼·巴依卡走了，离开了他挚爱的亲人、乡亲、朋友和热爱的巡逻护边事业。"帕米尔雄鹰"折翅，永远留在了帕米尔高原的雪山之巅，但他的英雄事迹将永远传颂在共和国西陲的千里边防线上。

永 恒 丰 碑

"尽我所能，为人民、为祖国多做好事。"这是拉齐尼·巴依卡在入党申请书中写下的一句誓言，是他对初心和使命的朴实理解，也是他 41 年人生历程的最好注脚。作为一名共产党员，他始终牢记初心使命，忠诚为党，赤诚为国，热诚为民。他是一位模范退役军人，始终怀有浓郁的家国情怀，主动接过父亲巡逻护边的接力棒，谱写了新时代民族团结、爱国拥军的新篇章。他是一位称职的人大代表，为家乡代言，把党和国家的声音传递到基层一线。他是一位能干的村干部，心系群众，真诚为群众排忧解难，发展生产。他是一位见义勇为的热心人，为抢救汉族儿童英勇献身。他把初心写在内心，用生命铸造使命，在全国各族人民心中熔铸了一座精神丰碑。他精神的光芒将照亮更多人前行的道路。2020 年 10 月和 11 月，他先后被评为"全国爱国拥军模范"和"全国劳动模范"；2021 年 1 月，被新疆维吾尔自治区人民政府评定为烈士；2021 年 3 月，被中宣部追授"时代楷模"称号；2021 年 6 月，被中组部追授"全国优秀共产党员"称号。

图书在版编目（CIP）数据

信仰的伟力 / 祝彦主编，蒋国栋、李雨西、郭曜辉编著 .-- 南昌：江西美术出版社，2021.11（2022.6重印）
ISBN 978-7-5480-7393-2

Ⅰ．①信… Ⅱ．①祝… ②蒋…③李…④郭Ⅲ．①英雄模范事迹—中国—现代Ⅳ．① K820.7

中国版本图书馆 CIP 数据核字 (2021) 第 230645 号

出 品 人　周建森
总 策 划　周建森
责任编辑　李伍强
助理编辑　刘　挺
责任印制　谭　勋
书籍设计　郭　阳

信仰的伟力

XINYANG DE WEILI

主　　编　祝　彦
编　　著　蒋国栋　李雨西　郭曜辉
出　　版　江西美术出版社
社　　址　南昌市子安路 66 号
邮　　编　330025
电　　话　0791-86565506
网　　址　www.jxfinearts.com
经　　销　全国新华书店

印　　刷　三河市明华印务有限公司
版　　次　2021 年 11 月第 1 版
印　　次　2022 年 6 月第 2 次印刷
开　　本　710mm×1000mm 1/16
印　　张　10
ISBN 978-7-5480-7393-2
定　　价　25.00 元